Wallfahrtsstätten in der Steiermark

Hier ist die Quelle aller Gnaden

Vorwort von
Diözesanbischof
Dr. Egon Kapellari

Helmut JAHN und Harald MARUNA

Wallfahrtsstätten in der Steiermark

Hier ist die Quelle aller Gnaden

Vorwort von
Diözesanbischof
Dr. Egon Kapellari

Helmut JAHN und Harald MARUNA

Verleger: Verlag Graphische Werkstatt; 7000 Eisenstadt,
Mattersburger Strasse 23

Umschlaggestaltung: Thomas Osztovits

Titelbild: Pfarr- und Wallfahrtskirche Mariä Schmerzen
in Frauenberg-Maria Rehkogel.
Foto: Dr. Harald Maruna, Eisenstadt

Satz und DTP: Manuela Szorger

Herstellung: Druckzentrum Eisenstadt – Graphische Werkstatt GmbH

Printed in Austria

ISBN-13 978-3-9501983-2-4

Inhaltsverzeichnis

Zum Geleit . . .

Als im Sommer 2006 das Buch „Wallfahrtstätten im Burgenland" erschien und im ORF Burgenland sogleich als „Buch des Monats" vorgestellt wurde, ist – vor allem im grenznahen Gebiet – der Wunsch laut geworden, es sollte ein solches Buch auch für die Steiermark geben. Als steirischer Diözesanbischof freue ich mich, dass dieser Wunsch vom Autorenteam Helmut Jahn (Text) und Dr. Harald Maruna (Fotos) mit großem Engagement in kurzer Zeit realisiert werden konnte.

Wallfahrt, das ist für einen glaubenden Menschen ein Aufstehen und für eine Zeitlang Weggehen aus seinem Haus, aus seinem Alltag hin zu einem heiligen Ort. Schon die Bibel erzählt von vielen Wanderschaften: Abraham, Moses, das Volk Israel, Maria und Josef sind unterwegs auf Wegen nach dem Willen Gottes.

Die Evangelien zeigen Jesus Christus selbst in der Zeit seines öffentlichen Wirkens unablässig unterwegs und immer wieder auf dem Weg hinauf nach Jerusalem, wo sich sein irdisches Leben am Kreuz vollenden wird.

Der Ruf Gottes bringt Menschen in Bewegung. Der Wallfahrer ist unterwegs zu einem Ort, wo Gott vor Zeiten besonders deutlich gesprochen hat, wo ein Mensch, vielleicht ein Heiliger, sich ohne Vorbehalt in das Gespräch mit Gott eingelassen hat. An einem solchen Ort ist, bildlich gesprochen, der Himmel offen. Hier öffnen sich Grenzen leichter und öfter als anderswo. Beschränkungen des Leibes und der Seele fallen ab, Wunder ereignen sich. „Ich hab' wunderbare Hilf' erlangt", liest der Pilger auf vielen alten Votivtafeln in Wallfahrtskirchen. Leben ist ein Weg. In der Sicht des christlichen Glaubens ist es ein Weg ins Offene, in ein Daheim, das nicht hinter, sondern vor uns liegt.

Allen Leserinnen und Lesern dieses Buches wünsche ich Gottes Segen!

+ Egon Kapellari

Dr. Egon Kapellari
Diözesanbischof von Graz-Seckau

Grüß Gott, liebe Leserin!
Grüß Gott, lieber Leser!

Einige Bücher sind bisher aus eigener Feder[x)] zum Thema Wallfahrt erschienen. Vor allem auf das letzte Buch, „Wallfahrtsstätten im Burgenland" gibt es so viele positive Reaktionen, dass wir uns entschlossen haben, die Wallfahrtsstätten eines weiteren Bundeslands aufzubereiten – der Steiermark. Schon vor der eigentlichen Arbeit für das neue Werk erreichten uns viele Hinweise auf heilige Plätze in Österreich, im Besonderen aber aus der Steiermark. In Leserbriefen, Mails, Buchbesprechungen und persönlichen Gesprächen wurden wir auf so manche Besonderheit, aber auch auf das eine oder andere versteckte Kleinod aufmerksam gemacht. Auch die Aufforderung, sich doch einmal näher mit einer bestimmten heiligen Stätte zu beschäftigen um vielleicht Verborgenes, Verschüttetes oder gar Vergessenes wieder an die Oberfläche zu bringen, war dabei. Offensichtlich waren unsere Bemühungen, die wir im Burgenland begonnen hatten, bei der Leserschaft auf fruchtbaren Boden gefallen!

Wie bei allen Büchern, die sich mit einem speziellen Thema in einem relativ großen geographischen Raum beschäftigen, gab es auch bei diesem Werk einige bemerkenswerte Rahmenbedingungen zu berücksichtigen:

✔ Zum einen besteht eine große Zahl von unterschiedlichen Quellen und Auffassungen, welche Orte wirklich als Wallfahrtsorte zu bezeichnen sind. Gerade in der Steiermark gibt es dabei die verschiedensten Möglichkeiten: Einige haben überregionale, ja geradezu europäische Bedeutung erlangt. Mariazell, das kürzlich sein 850-Jahr-Jubiläum als Wallfahrtsort gefeiert und weltweites Interesse durch den Besuch von Papst Benedikt XVI. erfahren hat, ist ein Beispiel für diese Kategorie. Eine Million Menschen kommen jährlich nach Mariazell! Andere Wallfahrtsstätten haben eher lokale Bedeutung und erfreuen sich trotzdem großer Pilgerscharen, die jedes Jahr pünktlich zu den Wallfahrtsterminen die Nähe zu Gott suchen. Wir sind auch Orten begegnet, die in einschlägigen Verzeichnissen als „erloschene" Wallfahrtsstätten bezeich-

---

[x)] *Helmut Jahn: „Wallfahrtsorte in Österreich". Eigenverlag H. Jahn, 2005.*
A-8636 Seewiesen 62. (ISBN 3-200-00133-X)
Helmut Jahn und Harald Maruna: „Wallfahrtsstätten im Burgenland".
Verlag Graphische Werkstatt - Druckzentrum Eisenstadt, 2006.
(ISBN 10 3-9501983-1-8 und ISBN 13 978-3-9501983-1-7)

net werden. Nur, im Zuge unserer Nachforschungen sind wir darauf gekommen, dass sich manche dieser heiligen Stätten noch immer als Orte besonderer Verehrung in der lokalen Volksfrömmigkeit erhalten haben. Darunter gibt es sogar Plätze, die gerade in letzter Zeit wieder zunehmend von Menschen aufgesucht werden, die dort Hilfe, Trost, Heilung und Fürbitte suchen.
Wir einigten uns daher, als Basis für unsere Arbeit das Verzeichnis der Wallfahrtsorte und Pilgerstätten der Diözese Graz-Seckau zu verwenden, die sich in der Broschüre „Wallfahrtsorte und Pilgerwege in der Steiermark" finden. Diese haben wir durch Hinweise auf weitere heilige Plätze aus der Literatur, aus Gesprächen mit Pfarrern und Bewohnern der jeweiligen Orte ergänzt. Aus all dem entstand unsere Übersicht über die Wallfahrtsorte und Pilgerstätten der Steiermark auf den letzten Seiten dieses Buches.

✔ Zum zweiten ist die Steiermark durch ihre flächenmäßige Ausdehnung ein sehr großes Gebiet, in dem die einzelnen Wallfahrtsstätten zum Teil weit verstreut liegen. Diese vielen heiligen Plätze galt es zu dokumentieren und fotografieren, was nur mit einigem zeitlichen und organisatorischen Aufwand zu bewältigen war.

✔ Zum dritten erlebten wir auf unseren Wegen zu den Wallfahrtsstätten genau das, was vielen Pilgern auch widerfahren kann: Das Wetter nimmt auf Wallfahrtstermine keine Rücksicht. Als wir uns im Laufe der vergangenen Jahre auf die Spur der Pilger vom nördlichsten steirischen Wallfahrtsort Mariazell zum südlichsten, Eibiswald, und vom westlichsten, Oppenberg, zum östlichsten, Burgau, begeben hatten, waren wir mit allen Jahreszeiten, allen topographischen Gegebenheiten und allen möglichen Wetterlagen konfrontiert. Kein Weg war uns zu weit und keine Anhöhe zu hoch. Wir waren während der Hitzeperiode mit Rekordtemperaturen im Juni/Juli 2007 genauso unterwegs, wie bei Sturm, Hagel und „Starkregen". Die Fotos im Buch spiegeln dies wider: Da gibt es „Schönwetterfotos", die einen Tourismusprospekt illustrieren könnten, ebenso wie Aufnahmen im Winter, bei Regen, am Abend und im Morgennebel. All das erleben Pilger auf ihren Wegen zu den heiligen Plätzen auch. Oder, wie der Eisenstädter Diözesanbischof Dr. Paul Iby einmal sagte: „Vor allem die Fußwallfahrer erleben ganz bewusst Gottes wunderbare Schöpfung hautnah. Im wahrsten Sinne des Wortes. Denn ihre Haut fühlt die Wärme der Sonne, die Frische der

Gehen ist der Menschen beste Medizin.
(Hippokrates)

> Der Mensch wächst in dem Maße,
> wie er zu beten imstande ist.
> *(Kardinal Dr. Franz König)*

Luft, die Vollkommenheit des Tautropfens und manchmal auch die Abkühlung des Regens".

Das nunmehr entstandene Buch „Wallfahrtsstätten in der Steiermark – Hier ist die Quelle aller Gnaden" versteht sich als eine Art „Christliches Hausbuch", das eine Mischung aus vielem sein sollte:

- Es muss auf der einen Seite Texte präsentieren, die einen direkten Bezug zum inneren Wert einer Pilgerreise haben. Wir bedienten uns dabei der Methode der „narrativen", d.h. der erzählenden Theologie bei den religiösen Themen.
- Es muss weiters Angaben machen, wie man zu diesen heiligen Plätzen gelangt, also auch ein touristischer Wegweiser sein.
- Es muss historische Bezüge zu den einzelnen Wallfahrtsstätten, zu ihrer Umgebung und zu den Menschen, die in ihrem Leben dem wiederkommenden Herrn entgegen gehen wollen, herstellen können.

Dies alles haben wir versucht, im vorliegenden Buch zusammen zu führen und wollen damit in den Lesern die Begeisterung für zukünftige Wallfahrten wecken. Zu allen Zeiten und in allen großen Religionen und Kulturen pilgern Menschen zu heiligen Plätzen, um für empfangene Wohltaten zu danken oder um Hilfe zu erbitten. Für die Christen ist Jerusalem, der Ort der Kreuzigung Jesu, eine ganz wichtige Pilgerstätte. Weitere Orte besonderer Verehrung wurden Gräber von Aposteln und Märtyrern. Im Mittelalter schließlich entstanden neue Pilgerzentren, die der Hl. Muttergottes geweiht waren. Gleichzeitig tauchte der Begriff „wallevart" auf, der auf das Wort „wallen", was soviel wie „in die Fremde ziehen" bedeutet, zurückgeht.

Grundlage aller Wallfahrten ist die Verehrung von Bildnissen, seien es Bilder, Reliefs oder Statuen von Maria (oftmals mit dem Jesuskind) und der anderen Heiligen. An diese knüpfen sich wundertätige Ereignisse. Zumeist sind es Heilungen von Krankheiten oder man möchte mit Hilfe und Fürbitte der Heiligen viele üble Lebenssituationen, wie etwa Seuchen, Brände, Hochwasser und anderes abwehren. Im bäuerlichen Bereich wurde auch das Vieh in die Fürbitten eingeschlossen, da es

> Pilgern ist das Symbol des Lebens,
> weil wir ständig unterwegs sind.
> Man läuft nicht im Kreis,
> sondern hat ein Ziel.
> *(Kardinal P. Dr. Christoph Schönborn OP)*

die Lebensgrundlage für viele Menschen darstellt. Bekannt sind hier Wallfahrtsstätten, in denen man Tierpatrone oder Pestheilige anruft, die im ländlichen Raum zu den 14 Nothelfern zusammengefasst sind.

Große Marienheiligtümer in der Steiermark waren seit jeher Mariazell, Mariahilf und Mariatrost in Graz, Pöllauberg, Fernitz und andere. Nichtmarianische Pilgerstätten sind zum Beispiel den Heiligen Ägidius, Ulrich, Antonius, Leonhard, Erhard und vielen anderen geweiht.

„... haben wir eine Sprache, um über das Zentrale zu reden? Über Leben und Tod, über Gott und die Welt, über Gnade und Erlösung? Können wir so reden, dass müde gewordene Zeitgenossen, Agnostiker, das Haupt erheben und erstaunt aufschauen ...?"

(Diözesanbischof Dr. Egon Kapellari)

Begegnungen - man kann es nicht oft genug sagen (schreiben), können das Leben entscheidend verändern. Auch (und vor allem) Begegnungen mit Heiligen - nicht nur in Wallfahrtsorten, dort aber ganz besonders - die auf der Suche nach Gott waren.

Manch einer von ihnen hat erkannt, dass er von Gott gefunden wurde, noch bevor er begonnen hat, ihn zu suchen. Solche Begegnungen sind Gnade, da sie Gottes Geist bewirkt. Im Alltag erkennt man dann plötzlich: Ich habe es nicht nur mit einem bestimmten Menschen zu tun. Es ist nicht nur ein unverbindliches Wort eines Menschen, das ich höre oder lese.

Es ist Gott selbst, der durch Menschen, Ereignisse oder Worte zu mir spricht. Und eigentlich sollte (dürfte) man sich diesem Anspruch, der dadurch entsteht, nicht entziehen. Die Heiligen haben erkannt, dass die Begegnung mit dem Evangelium nicht toter Buchstabe, sondern lebendiges Wort ist. Sie sind dieser Wahrheit, die Christus ist, begegnet - oft durch unscheinbare Menschen - und haben dann selbst die Wahrheit des Evangeliums ins Leben und Sterben umgesetzt und sie nicht selten mit ihrem eigenen Blut besiegelt.

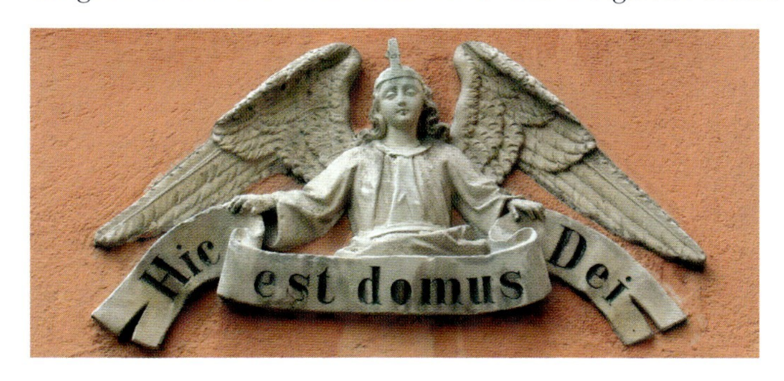

Hic est domus Dei – Hier ist das Haus Gottes. Inschrift auf der Wallfahrtskirche in Groß St. Florian

Auf Wallfahrt gehen, hören, schauen, staunen und auch reden mit Gott und den Menschen - das möchte dieses Buch vermitteln. Es soll ein Buch sein, das man nicht nur kauft und dann in die Bibliothek stellt, sondern ein Buch, das man hat, um es für immer zu besitzen.

Zum Schluss seien uns noch einige Worte des Dankes erlaubt:
Herrn Hans-Christian Harnisch und seinem Team vom Verlag Graphische Werkstatt – Druckzentrum Eisenstadt danken wir für die großzügige Ausstattung des Buches.
Frau Rita Wlaschitz hat das Manuskript am Computer geschrieben und kritisch durchgelesen. Sie war uns eine treue Begleiterin zu den Pilgerstätten, hat bei der Auswahl der Fotos mitgeholfen und unzählige Stunden ihrer Freizeit für das Buch hergegeben.
Herrn Pfarrer i.R. Josef Rainer, der viele Jahrzehnte Wallfahrtspfarrer in mehreren steirischen Wallfahrtsorten war, darunter 29 Jahre in Frauenberg-Maria Rehkogel, danken wir für die vielen anregenden Gespräche und wertvolle Unterstützung unserer Arbeit, ohne die das Buch nicht die vorliegende inhaltliche Qualität erlangt hätte.
Autoren und Verlag hoffen, dass dieses Werk gelungen ist und von der Leserschaft im oben dargestellten Sinne angenommen wird.

Seewiesen/Stmk. und Eisenstadt
im Herbst 2007

Helmut JAHN
Dr. Harald MARUNA

Wer Gott erfahren will

Wer Gott erfahren will, der muss fahren,
der muss sich aufmachen.
Nur unterwegs wird Er erfahrbar.
Es gibt auch eine geistige und
geistliche Sesshaftigkeit,
die mich für Gott verschließt,
die mich nicht offen werden lässt.
Wer Gott erfahren will, der ist nie fertig,
den treibt es immer weiter, der fragt auch noch
in seiner letzten Stunde nach Gott.
Und vielleicht kann Gott ihm
da „alles in allem" werden.

(Unbekannter Verfasser)

Der Heilige Josef von Nazaret
Landespatron der Steiermark

Der Höhepunkt in der Verehrung für den Hl. Josef, Bräutigam Mariens und Nährvater Jesu, bedeutete seine Erhebung zum Schutzpatron der ganzen Kirche durch Papst Pius IX. im Jahr 1870. Schon 1487 war das Fest des Josef in das römische Brevier aufgenommen worden und 1621 hatte Papst Gregor XV. den 19. März zum Feiertag erhoben, den Papst Clemens XI. dann 1714 für die gesamte Kirche vorschrieb. Jahrhunderte später, 1955, verkündete Papst Pius XII. den 1. Mai als Fest für „Josef den Arbeiter". Papst Johannes XXIII. nahm Josef am 13. November 1962 in den Kreis der Kanon-Heiligen auf.

Die Lebensgeschichte des Josef von Nazaret (alte Schreibweise: Nazare**th**) kann als bekannt vorausgesetzt werden: Josef, der als Zimmermann tätig war, verlobte sich mit Maria. Noch vor der Hochzeit empfing Maria auf wundersame Weise ein Kind und Josef wollte sich deshalb in aller Stille von ihr trennen. Da erschien ihm ein Engel im Schlaf und erklärte ihm das Wunder der Empfängnis. Von diesem Tag an lebten Maria und Josef in einer sogenannten „Josefsehe". Als Josef mit der hochschwangeren Maria zu der von Kaiser Augustus angeordneten Volkszählung nach Bethlehem unterwegs war, gebar Maria in einem Stall (Höhle) einen Sohn. Josef gab ihm den Namen Jesus und floh auf den Rat eines Engels mit Mutter und Kind vor Herodes nach Ägypten. Nachdem Herodes gestorben war, kehrte die Familie zurück und ließ sich in Nazaret nieder.

Als Jesus zwölf Jahre alt war, nahm Josef mit ihm an einer Wallfahrt nach Jerusalem teil. Dieses Auftreten Josefs ist sein letztes Erscheinen in den Evangelien; möglicherweise ist er bald darauf gestorben. Es könnte aber auch sein, dass er in der ihm angeborenen Bescheidenheit von da an im Hintergrund blieb und deshalb in späteren Überlieferungen nicht mehr erwähnt wird.

Josef gehört zu den meistverehrten Kirchengestalten, wobei die Verehrung im Orient schon erheblich früher einsetzte als im Abendland. Hier stammt die erste Erwähnung erst aus der Zeit um 850 nach Christus. Besonders die Franziskaner sowie die großen Kirchenväter Bernhard von Clairvaux, Franz von Sales, Bernhardin von Siena und die hl. Theresia von Avila förderten das Gedenken an Josef. Reliquien des Bräutigams Mariens beanspruchen die italienischen Städte Rom, Loreto, Frascati und Orvieto. Mit dem sogenannten „Josefitag" verbinden sich vor allem in den Alpenländern, aber auch in Italien

Hl. Josef in der Wallfahrtskirche Maria Buch

verschiedene Bräuche. Am bekanntesten dürfte wohl das Verteilen von „Josefi-Kücherl", einem Schmalzgebäck, sein.
Warum der Verehrungs- und Gedenktag für Josef auf den 19. März gelegt wurde, ist nicht mehr nachvollziehbar. Der Grund liegt möglicherweise in der Nähe zum Fest Mariä Verkündigung am 25. März oder in der Tatsache, dass im alten Rom das Fest der Minerva, Göttin der Handwerker, am 19. März gefeiert wurde. Hier fände sich eine Parallele zu Josef als dem Patron der Handwerker.
Josef wird meist mit dem Kind und/oder mit Zimmermannsgeräten abgebildet. Andere Darstellungsformen (Geburt Jesu im Stall, Flucht nach Ägypten, sterbend in den Armen von Maria und Jesus) ergeben sich aus der überlieferten Lebensgeschichte Josefs. Auf den meisten Bildnissen wird Josef als Greis, selten als junger Mann dargestellt. Eine der ältesten künstlerischen Dokumente über Josef ist wahrscheinlich aus dem 3. Jahrhundert und befindet sich im Lateran-Museum in Rom: Hier hält Josef an der Krippe die schützende Hand über das Jesuskind und dessen Mutter Maria.

Die sieben Sakramente
Das Wort kommt aus dem Lateinischen „res sacra" bzw. „res sacrans" und bedeutet *heiliges* und *heiligendes* Zeichen, Mysterium.
Diese sind: Taufe, Firmung, Eucharistie, Buße, Krankensalbung, Ehe, Priesterweihe.

Der Hl. Josef ist nicht nur Patron der gesamten Kirche, sondern auch einiger Staaten (Mexiko, Philippinen, Peru, Österreich, Kanada) und Länder der Erde (Steiermark, Kärnten, Tirol, Böhmen, Bayern), der nach ihm benannten Bruderschaften und Ordensgemeinschaften, sowie einiger Personen- (Familie, Ehepaare, Jugendliche, Waisen) und Berufsgruppen (Arbeiter, Handwerker, Zimmerleute, Schreiner, Ingenieure, Totengräber u.a.). Er wird auch um Hilfe bei Augenleiden, in verzweifelten Lagen, bei Wohnungsnot und von Sterbenden für einen ruhigen Tod angerufen.
Viele Kirchen in der Steiermark sind dem Hl. Josef geweiht: So zum Beispiel Fehring, Fürstenfeld (Josefskirche), Gams bei Hieflau, Greith (Josefskirche) Irdning (Kapuzinerkirche), Leoben-Donawitz, Mariazell (Josefskapelle), Rohrbach an der Lafnitz, Rothenthurm (Josefskapelle), St. Josef in der Weststeiermark, Schwanberg (Josefskirche), Turrach, Voitsberg und andere.

Gebet an den Hl. Josef

Bei dir, Heiliger Josef, suchen wir Zuflucht in unserer Not
und bitten dich vertrauensvoll um deinen Schutz.
Nachdem wir deine heilige Braut um Hilfe angefleht haben,
bitten wir dich inständig, blicke gütig auf die treue Erbschaft
hernieder, die sich Jesus Christus mit seinem Blut erworben hat
und eile uns in all unseren Nöten mit
deinem mächtigen Beistand zu Hilfe.
Du fürsorglicher Beschützer der Heiligen Familie,
nimm das auserwählte Volk Jesu Christi in deine Obhut.
Entferne von uns, geliebter Vater,
jede Seuche von Irrtum und Laster.
Du unser starker Helfer, stehe uns vom Himmel aus bei
in diesem Kampf gegen die Macht der Finsternis.
Und wie du einst das bedrohte Leben des Jesuskindes
vor dem Tod gerettet hast, so verteidige jetzt die Kirche Gottes
gegen feindselige Hinterlist,
alle Gegner und jegliche Drangsal.
Uns alle aber nimm in deinen Schutz,
damit wir nach deinem Vorbild heilig leben und heilig sterben.

Amen.

Unterwegs zu Gott

*von E. Kapellari**)

... Leben ist ein Weg und christliches Leben ist schon gar kein sitzender Beruf. Daran erinnert uns das Symbol der liturgischen Prozession. Ein Weg gibt die Frage auch nach dem Woher und Wohin; die Frage danach, ob jemand mitgeht und was uns unterwegs nähren kann.
Jesus hat alle diese Fragen gestellt und neu beantwortet: Wir kommen aus der schöpferischen Hand Gottes, den Vater zu nennen er uns angewiesen hat. Wir gehen durch alle Windungen unseres Lebensweges heim zum Vater, heim in die himmlischen Wohnungen. Und unterwegs geht Christus mit uns, der mit den verstörten Jüngern nach Emmaus gegangen ist. Er geht nicht nur mit uns, er ist nicht nur Weggefährte, sondern auch Wegzehrung: Nehmt und esst, das ist mein Leib, das bin ich für euch in der Gestalt des nährenden Brotes. Nehmt und trinkt, das bin ich für euch in der Gestalt des durststillenden Weines.
Heute gehen vielerorts Christen in einer Prozession durch Dörfer und Städte. Sie gehen inmitten einer Menschheit, die rascher geht, rascher fährt als je zuvor und im Ganzen über das Ziel weniger weiß als je zuvor. Sie gehen inmitten hungriger oder auch satter Gesellschaften. Aber auch die Satten sind hintergründig hungrig nach Sinn, nach einem erfüllten Leben.

Papst Benedikt XVI. im Gespräch mit Diözesanbischof Dr. Egon Kapellari, Graz-Seckau

---

*) *Dieser Beitrag ist ein Auszug aus: „Menschenzeit in Gotteszeit" von Diözesanbischof Dr. Egon Kapellari. Styria-Verlag, Graz 2002.*

Diese Christen wollen damit den Menschen am Weg oder hinter den Fenstern und Mauern sagen: Seht da den „Gott-mit-uns" in der Gestalt des Brotes, kommt und esst und trinkt – ihr Suchenden und ihr Gleichgültigen, ihr Hungrigen und ihr scheinbar Satten.
Dieses Wort wird freilich nur dann gehört werden, wenn jene, die so sprachen, bereit sind, sich selbst in der Nachfolge Christi verwandeln, umschmelzen zu lassen zu einem guten, nährenden Brot.

Bücher von Diözesanbischof Dr. Egon Kapellari:

Seit ein Gespräch wir sind ... Neue Begegnungen.
Styria-Verlag, Graz 2007

Bis das Licht hervorbricht - Fragen zwischen Kirche und Kunst.
Styria-Verlag, Graz 2006

Und dann der Tod ... Sterbe-Bilder.
Styria-Verlag, Graz 2005

Die Breitenauer Bilderbibel (2004).
Hrsg. vom Röm.-Kath. Pfarramt Breitenau, 8614 Breitenau,
St. Erhard 21.
Bestellungen per Fax unter 03866/2235-4.

Begegnungen unterwegs. Eine Nachlese.
Styria-Verlag, Graz 2002

Menschenzeit in Gotteszeit – Wege durch das Kirchenjahr.
Styria-Verlag, Graz 2001

Aber Bleibendes stiften die Dichter. Gedanken zum Tag.
Styria-Verlag, Graz 2001

Zu Pfingsten in Jerusalem. Ein Bischof schreibt zur Firmung (1999).
2. Auflage, Styria-Verlag, Graz 2000

Heilige Zeichen in Liturgie und Alltag (1997).
4. Auflage, Styria-Verlag, Graz 2001

Domkirche und Kathedrale zum hl. Ägidius in Graz-Innere Stadt

Die Domkirche zu Graz ist keine Wallfahrtskirche im eigentlichen Sinn und doch nehmen Pilgerfahrten von hier ihren Ausgang oder haben sie als Ziel erwählt.
„Zum Haus des Herrn wollen wir pilgern". (Ps 122, 1)

Seit 1786 ist die als Pfarr- und Residenzkirche des deutschen Königs und römischen Kaisers Friedrich III. erbaute Grazer Domkirche auch Kathedrale der Diözese Graz-Seckau.
Friedrich III. ließ 1438 die 1147 erstmals urkundlich erwähnte Pfarrkirche St. Ägidius vollkommen neu bauen und durch einen Gang mit seiner Burg verbinden. Als Baumeister dieser 1464 vollendeten Kirche wird der Schwabe Hans Niesenberger vermutet. Wie bei allen seinen Bauten, die Friedrich III. in seiner mehr als ein halbes Jahrhundert dauernden Regierungszeit errichten

Der hl. Ägidius
In der 2. Hälfte des 7. Jahrhunderts soll Ägidius, ein vornehmer Athener, in die heutige Camarque gekommen sein, wo er zunächst als Einsiedler lebte. Der Legende nach nährte ihn in dieser Zeit eine Hirschkuh mit ihrer Milch. Als der Westgotenkönig Wamba versuchte, die Hirschkuh auf der Jagd zu erlegen, wurde Ägidius von einem Pfeil getroffen - er wollte sie schützen. Um seine Schuld abzustatten, erlaubte der König dem Verletzten, ein Kloster zu gründen. Um 680 gründete Ägidius die Abtei St. Gilles, der er bis zum Tod als Abt vorstand.
Eine weitere Legende bringt ihn in Zusammenhang mit Karl dem Großen, eine andere berichtet, dass er einen Fürstensohn zum Leben erweckt hätte und eine andere wiederum erzählt von einer Türe, die ihm vom Papst geschenkt wurde.
Im Alpenraum zählt Ägidius zu den 14 Nothelfern, er wird oft vom Pfeil durchbohrt und mit Hirschkuh dargestellt.
Er ist der Patron einiger Städte (Graz, Osnabrück, Nürnberg u.a.), der stillenden Mütter, Hirten, Jäger, Schiffbrüchigen, Bettler und Aussätzigen, des Holzes, des Waldes, des Viehs etc. Er wird um Fürbitte und Hilfe gegen Fallsucht, Geisteskrankheiten und Unfruchtbarkeit von Mensch und Tier angerufen.

Domkirche und Kathedrale zum hl. Ägidius in Graz

ließ, finden sich in der Domkirche Jahreszahlen in Verbindung mit den Buchstaben AEIOU. Diese fünf Vokale, die nicht nur auf Bauten, sondern auch auf allen persönlichen Gegenständen Friedrichs stehen, bleiben trotz einer Vielzahl von Deutungen geheimnisvoll. Die mit AEIOU verbundene Jahreszahl 1464 in der Gewölbemalerei der Ägidiuskirche kann als Jahreszahl für die Beendigung der Bauphase angesehen werden, sie wurde damit auch die Kirche des kaiserlichen Hofes in Graz.

Erzherzog Karl III. übergab 1577 die Ägidiuskirche dem zur Durchführung der Gegenreformation in die Steiermark gerufenen Jesuitenorden als Kollegiums- und Universitätskirche. In der Jesuitenzeit erhielt die spätgotische Hallenkirche eine prächtige Barockausstattung. Der 1730/33 nach einem Entwurf Georg Kräxners errichtete Hochaltar zählt zu den Hauptwerken spätbarocker Altarbaukunst in der Steiermark. Das Altarblatt von Franz Ignaz Flurer zeigt den Kirchenpatron. Weitere Figuren stellen die Heiligen Ignatius, Franz Xaver und Franz Borgia sowie Stanislaus Kostka dar, die Fundamente des Glaubens (vier Evangelisten, drei göttliche Tugenden) und die Marienkrönung als Abschluss.

Zu den prächtigsten Ausstattungsstücken der Domkirche gehören die beiden um 1617 als Reliquienschreine adaptierten Renaissance-Brauttruhen der Paola Gonzaga mit Elfenbeinreliefs aus der 2. Hälfte des 15. Jahrhunderts. Die übrige qualitätsvolle Ausstattung, die Seitenaltäre, in der Barockzeit angebaute Kapellen mit schmiedeeisernen Abschlussgittern, das intarsierte Kirchen- und Beichtgestühl und die um 1705/10 entstandene Kanzel sind Zeugnisse für das hohe künstlerische und handwerkliche Können heimischer Meister.

Der Grazer Dom mit seiner großartigen Raumgestaltung und Ausstattung ladet ein, ihn ebenso zu besuchen wie die vielen anderen Sehenswürdigkeiten und Kunstschätze in der steirischen Landeshauptstadt.

Anreise

Vom Grazer Hauptplatz geht man in die Sporgasse, biegt nach kurzer Strecke rechts in die Hofgasse ein und geht bis zur Domkirche vor.

Pfarr- und Franziskanerklosterkirche Mariä Himmelfahrt in Graz-Innere Stadt

Zur Franziskanerkirche kommen viele Pilger, die im Zuge ihres Aufenthaltes in Graz andere heilige Stätten besuchen oder die Vielfalt der an kulturellen Schätzen so reichen Landeshauptstadt nützen wollen. Und das, obwohl sie eigentlich keine Wallfahrtskirche ist! Die zentrale Lage am Murufer und die interessante Innenausstattung begünstigen den Zustrom an Besuchern, die die besondere Atmosphäre franziskanischen Geistes hier aufnehmen wollen.
Das heutige Franziskanerkloster mit seiner Kirche Mariä Himmelfahrt ist die älteste Ordensniederlassung auf Grazer Stadtgebiet, die allerdings ursprünglich von den Minoriten vorgenommen wurde. Schon 1230, bald nach der Gründung des Bettelordens durch Franz von Assisi (1209), kamen die ersten Minoriten nach Graz, die in ihre Klosterniederlassung eine vermutlich bereits bestehende, dem Apostel Jakobus d. Ä. geweihte Kapelle miteinbezogen haben. Durch viele Schenkungen und Stiftungen wurde die Anlage stetig erweitert, bis die Minoriten 1515 ihr Kloster den Franziskanern übergaben und ans andere Murufer übersiedelt sind.
Dort errichteten sie in den Jahrzehnten danach ihr neues Kloster und die heutige Mariahilferkirche.

Die Franziskaner bauten ihre Kirche weiter aus, Kapellen kamen hinzu, die Ausstattung wurde zuerst barockisiert und später wieder regotisiert, bis schließlich ein Bombentreffer im Jahr 1945 eine aufwändige Wiederherstellung der Kirche nach dem II. Weltkrieg notwendig machte.

Neben der schönen Kirche interessieren den Pilger vor allem zwei Besonderheiten in der Klosteranlage: Der Kreuzgang mit dem Baukern aus dem 13./14. Jahrhundert und die Jakobikapelle sind kulturgeschichtliche Kleinode von Graz, die man unbedingt besuchen sollte.

Der stimmungsvolle, im unregelmäßigen Viereck angelegte mittelalterliche Kreuzgang schmiegt sich an das Gebäude an und öffnet sich mit Spitzbogenfenstern zum Hof. Ein beschaulicher Kloster-

> Wie einzigartig ist jeder Muschel Zuhause! Wenn Gott sich für diese Tierchen so viel Staunenswertes einfallen ließ, wie zauberhaft mag erst unser himmlisches Zuhause einmal sein.
>
> *(Luitgard Weis)*

Pfarr- und Franziskanerklosterkirche Mariä Himmelfahrt in Graz

garten schließt sich direkt an. Der Rückzug in die Stille gehört zu den Grundpfeilern franziskanischer Spiritualität. Damit soll auch für Besucher und Pilger, die oft von weit her kommen, eine Zone der Stille und ein spirituelles Zentrum als Kontrast zur belebten und unruhigen Welt „draußen" geschaffen werden.

An der Ostseite des Kreuzganges befindet sich die gotische Jakobikapelle. Dem Apostel Jakobus d. Ä., Schutzpatron der Pilger, war hier schon vor den Franziskanern eine Kapelle geweiht. In dem Raum mit seinem neugotischen Altar finden sich an den Wänden reizvolle Kapitelle: Zwischen Eichen- und Weinlaub sieht man einen Teufel in Menschengestalt, der einem Affen einen Apfel reicht – ein Hinweis auf die stetige Verlockung zur Sünde. Neben Grabmälern gehören auch ein gotisches Vesperbild und ein Kruzifix aus dem 15. Jahrhundert zur Einrichtung.

Anreise

Vom Hauptplatz im Zentrum von Graz über die Franziskanergasse oder über die Murgasse und Nürnbergergasse zum Franziskanerplatz gehen. Inmitten des belebten Platzes steht die eindrucksvolle Klosterkirche.

Pfarr-, Wallfahrts- und Minoritenklosterkirche (Mariahilferkirche) in Graz-Lend

Die ursprüngliche Grazer Niederlassung der Minoriten, ein von Franz von Assisi gegründeter Orden, erfolgte im 13. Jahrhundert und befand sich im Kloster an der Murbrücke, dem heutigen Franziskanerkloster. Am Beginn des 17. Jahrhunderts übersiedelten die Minoriten ans andere Murufer, wo sie durch großherzige Stiftungen der Fürsten von Eggenberg und später von Kaiser Ferdinand II. das heutige Minoritenkloster mit der angeschlossenen Mariahilferkirche erbauten. Die schon bald nach Fertigstellung und Einweihung der Kirche (1811) aufblühende Wallfahrt machte die Grazer Mariahilferkirche zu einer der wichtigsten steirischen Wallfahrtsstätten der Barockzeit.
Kirche und Kloster der Minoriten wurden vom bedeutenden Architekten und Maler der damaligen Zeit, Giovanni Pietro de Pomis, einem Schüler Tintorettos, in nur sieben Jahren erbaut. Er errichtete ursprünglich eine turmlose Kirche mit einem Dreieckgiebel, die sich an venezianischen Vorbildern orientierte. Später wurde die Fassade der frühbarocken Kirche von Joseph Hueber, dem großen steirischen Barockbaumeister, zur heutigen imposanten Doppelturmfassade umgestaltet (1744). Den Giebel krönt die barocke, fast theatralisch anmutende Figurengruppe des Erzengels Michael, der Luzifer überwindet und in die Hölle stürzt. Andere Fassadenfiguren stammen vom Barockbildhauer Philip J. Straub und stellen die Ordensheiligen Franz von Assisi und Antonius von Padua dar, zwischen ihnen sitzt die aus Stein gehauene Mariahilfer Gnadenmutter.

Unter deinem Schutz

Unter deinen Schutz und Schirm
fliehen wir, heilige Gottesgebärerin.
Verschmähe nicht unser Gebet in unseren Nöten,
sondern erlöse uns jederzeit aus allen Gefahren,
o du glorreiche und gebenedeite Jungfrau,
unsere Frau, unsere Mittlerin,
unsere Fürsprecherin.
Versöhne uns mit deinem Sohne,
empfiehl uns deinem Sohne,
stelle uns vor deinem Sohne.

(In seinem Kern ältestes Mariengebet aus dem 13. Jhdt.)

Mariahilferkirche in Graz (Aufnahme 2007)

Die Geschichte der Wallfahrt zur Grazer Mariahilferkirche ist aufs engste mit ihrem Architekten Giovanni Pietro de Pomis verknüpft. Er war beim Malen des Hochaltarbildes erblindet, rief die Gottesmutter um Hilfe an und stellte wieder sehend geworden fest, dass die Gesichter auf dem Bild bereits fertig gemalt waren. Seit damals gilt das Bild, das als Hauptwerk von de Pomis bezeichnet wird, als wundertätig. 1769 wurde dem Bildnis noch das Attribut „Stadtmutter von Graz" hinzugefügt. Es zeigt die Hl. Maria, wie sie mit dem Jesuskind am Schoß auf einer Wolkenbank von Engeln in den Himmel gehoben wird. Es ist von einem kostbaren Silberrahmen umgeben.

Andachtsbildchen Graz-Mariahilf
Druck/Papier (Sammlung H. Burkhard, Graz)

Die Wandmalereien von Josef Adam Mölck in der Schatzkammerkapelle, die der Aufbewahrung der Votivgaben der Pilger diente, erzählen eindrucksvoll von den Gebetserhörungen durch die Mariahilfer Gnadenmutter. Die tägliche Wallfahrermesse um 10.00 Uhr macht die Lebendigkeit dieses Gnadenortes auch heute noch sichtbar.

Südlich der Kirche gelangt man in den malerischen, von Säulenarkaden begrenzten Kreuzgang des Minoritenklosters. Das Kloster beherbergt auch das Grazer Diözesanmuseum und das Kulturzentrum der Minoriten. Dieses dient seit jeher der Pflege des Dialogs der Kirche mit Wissenschaft, bildender Kunst, Musik und zeitgenössischer Literatur.

Anreise

Vom Hauptplatz im Zentrum von Graz kommend, geht man durch die Sackstraße bis zum Schlossbergplatz, überquert die Mur über den Mursteg und sieht bereits die Mariahilferkirche und das Kloster der Minoriten auf der rechten Seite vor sich.

Pfarr- und Wallfahrtskirche zum Hl. Kreuz und Kalvarienberg in Graz-Lend

Die Geschichte des Grazer Kalvarienberges und der Kalvarienbergkirche beginnt im Jahr 1606. Der Jerusalempilger und Oberststallmeister am Hof des Erzherzogs Maximilian Ernst von Innerösterreich, Bernhard Walter von Waltersweil, ließ drei Kreuze auf dem Anstein im Norden von Graz errichten. Schon bald waren die Kreuze auf der Hügelspitze des mächtigen Schieferblocks, der zweithöchsten Erhebung von Graz, Ziel von Wallfahrern, zumal die Stadt gerade eine Pestepidemie glücklich überstanden hatte.

In der zweiten Hälfte des 17. Jahrhunderts wurde eine Grabkapelle am Fuße des Hügels errichtet, das Areal um einige Statuen und weitere Kapellen erweitert und ein Wallfahrtsweg angelegt: Sieben Säulen mit den Darstellungen der sieben Schmerzen Mariens säumen den Weg von der an der Mur gelegenen Mariahilferkirche der Minoriten zum Kalvarienberg. Die kleine Ölbergkapelle wurde nach Süden erweitert und zur heutigen Kirche zum Hl. Kreuz ausgebaut. Ein Felsen des Ansteins ragt dabei in den Kirchenraum hinein und bildet die Rückwand des Altars. Die Fassade der Kirche wurde als theatralische Inszenierung gestaltet („Ecce-Homo-Szene"), die von ausdrucksvollen steinernen Figuren mit Leben erfüllt wird. Dort zeigt Pontius Pilatus auf den leidenden Christus mit der Dornenkrone und scheint dem Volk zuzurufen: *„Ecce homo"* - Seht, ein Mensch!
Der Anbau der Heiligen Stiege (1723) war die letzte wichtige Erweiterung der Anlage. Die Nachbildung der *„Scala sancta"* in Rom brachte weitere Pilgerscharen zu diesem Ort, wobei die Heilige Stiege früher nur kniend überwunden wurde. „Christus an der Geißelsäule" am oberen Ende der Stiege gehört zu den schönsten Objekten der Anlage und stammt aus der Hand des bekannten Barockbildhauers Johann Jakob Schoy aus dem Jahr 1722.
Beeindruckend ist im Altarraum der neu gestaltete Altarstein sowie der Ambo: Auf einem natürlichen Felsen steht ein auf die Spitze gestellter gemeißelter Kegel aus weißem Porphyr, der dem Raum eine interessante Spannung verleiht und ihm andererseits die Schwere nimmt. Damit wird eine Verbindung zum schweren Felsen auf dem Grab Christi geschaffen, dem durch die Auferstehung alle irdische Last genommen wird.

Kalvarienberge sind in Europa besonders in der Barockzeit entstanden. Sie stehen in einer volksnahen Andachtstradition, die versucht hat, sich betend in

Kalvarienbergkirche in Graz

> Das Leben wird dir gelingen,
> „wenn du auf die Stimme des Herrn,
> deines Gottes, hörst und auf seine
> Gebote und Gesetze achtest...."
> *(Dt 30, 10f)*

das Erlösungsgeschehen durch die Leiden Christi zu versenken. Das Vorbild für die heimischen Kalvarienberge findet sich in Jerusalem: Schon früh wurden einige Stellen des Kreuzweges Christi nach Golgatha (lat. *Calvaria*) mit Kreuzen und Kapellen versehen, an denen die Pilger zur Andacht und zum Gebet verweilen können.
In Österreich haben neben dem Grazer Kalvarienberg jene in Maria Lanzendorf/NÖ, Maria Plain bei Salzburg, Eisenstadt-Oberberg und Frauenkirchen im Burgenland sowie in Wien-Hernals und einige andere, durch ihren künstlerischen und religiösen Ausdruck überregionale Bedeutung erlangt. Ein Kalvarienberg ist ein „Bergwerk des Glaubens", wie der Schriftsteller Reinhold Schneider in seinem Roman „Winter in Wien" (1958) schreibt.

Das Heiligtum auf dem Grazer Kalvarienberg (lat. *Mons calvariae*) ist ein typisches Beispiel für eine Nahwallfahrtsstätte, die deutliche Bezüge zu den Andachtsstätten in Jerusalem aufweist. Schon zur Grundsteinlegung der Grabkapelle sollen 6.000 Menschen gekommen sein, zur Hochblüte im 19. Jahrhundert waren es etwa 30.000 Pilger jährlich, die den Kalvarienberg aufsuchten. Die meisten Pilger sind aus Graz und Umgebung, vereinzelt jedoch aus anderen Bundesländern und aus dem benachbarten Ausland.
Der Kalvarienberg in Graz wurde nach der abgeschlossenen Renovierung als „Steirisches Wahrzeichen 2003" ausgezeichnet.

Anreise

Von Norden kommend: Von Bruck/Mur die Schnellstraße S 35 Richtung Graz fahren, die vor Graz in die Autobahn A 9 mündet. Diese Autobahn geht am Stadtrand in die Wiener Straße über. Von dieser links in den Kalvariengürtel abbiegen, nach einigen Kilometern abermals nach links abbiegen und auf der Kalvarienbergstraße bis zum Heiligtum fahren.

Von Süden kommend: Von der Autobahn A 2 bei der Abfahrt Graz-West in die Triesterstraße Richtung Zentrum einbiegen. Über den Lazarettgürtel, Eggenberger Gürtel und Bahnhofgürtel bis zur Abzweigung Kalvariengürtel fahren und rechts in diesen abbiegen. Vom Kalvariengürtel links in die Kalvarienbergstraße einmünden und bis zum Heiligtum fahren.

Fassade der Kalvarienbergkirche mit Ecce-homo-Szene

Kalkutta ist überall

„Du kamst in der Morgendämmerung und sangst; es verdross mich, dass ich aus dem Schlaf gerissen wurde, und du musstest unbeachtet wieder weitergehen.
Du kamst am Mittag und batest um ein Glas Wasser; es störte mich in meiner Arbeit, und du wurdest mit harten Worten fortgeschickt.
Du kamst am Abend mit deiner brennenden Fackel; ich erschrak vor dir und verriegelte das Tor.
Jetzt, um Mitternacht, sitze ich allein in meinem dunklen Zimmer und schreie nach dir, den ich dreimal von mir wies".

Dieser Text stammt von dem bekannten indischen Dichter und Philosophen Rabindranath Tagore, der 1861 in Kalkutta geboren wurde, 1913 den Nobelpreis für Literatur erhielt und 1941 im selben Haus, in dem er das Licht der Welt erblickte, starb.
Tagores Weisheit und seine Fähigkeit, zu formulieren, lassen auch den gebildeten Christen der westlichen Kulturwelt aufhorchen und aufschrecken.
Betroffen stellt man sich die Frage:
Habe nicht ich heute früh meinen Mann (meine Frau) grußlos in die Arbeit gehen lassen?
Habe nicht ich heute zu Mittag keine Zeit für die Kinder gehabt, die mir von der Schule und ihren Freuden und Sorgen berichten wollten?
Habe nicht ich heute am Abend eine Fernsehsendung (die mich eigentlich gar nicht interessierte) vorgeschoben, nur um Ruhe zu haben?
Längst ist es Mitternacht geworden. Der Fernsehapparat ist abgedreht. Irgendetwas in mir, das leben sollte, ist tot.
Es ist wahr: Der Mensch braucht zum Leben Brot. Brot allein aber ist zuwenig. Wer wird ihm den Hunger nach Liebe stillen?
Kalkutta ist überall.

Wenn du denkst,
die ganze Welt sei schlecht,
dann vergiss nicht,
dass Leute wie du darin leben.
(Mahatma Gandhi)

Barmherzigen- und Garnisonskirche Mariä Verkündigung und Krankenhaus der Barmherzigen Brüder in Graz-Lend

Die Barmherzigenkirche im 4. Grazer Stadtbezirk ist durch eine Besonderheit ausgezeichnet: Sowohl Architektur als auch Inenausstattung stammen einheitlich aus der Zeit des Hochbarock. Sie ist eine Anlaufstelle für Menschen, die der Hilfe der Barmherzigen Brüder bei gesundheitlichen Problemen bedürfen. Der Gründer des Hospitalordens, der hl. Johannes von Gott (1495 – 1550) verfügte, dass in jedem Spital des Ordens Kranke, Arme und Hilflose ohne Unterschied und Ansehen des Standes aufgenommen werden müssen. Somit haben auch Pilger, die nach Graz zu einer der Wallfahrtsstätten ziehen, eine „gute Adresse", wenn sie medizinischer Hilfe bedürfen.

Nach der ersten Spitalsgründung im spanischen Granada breitete sich der Orden mit über 50 Spitälern innerhalb eines halben Jahrhunderts rasch aus. 1614 erfolgte die erste Spitalsgründung in Österreich mit Unterstützung von Kaiser Matthias in Wien, ein Jahr später legte Erzherzog Ferdinand den Grundstein für einen Krankenhausbau in Graz. Durch die Grazer Niederlassung der Barmherzigen Brüder, die in der Medizin als Begründer der neuzeitlichen Krankenpflege gelten, erhielt die Steiermark das erste Krankenhaus. 1616 wurde die Klosterkirche der Barmherzigen Brüder in Graz geweiht. Etwa 100 Jahre später erfolgte der Neubau der Kirche unter dem Grazer Hofbaumeister Johann Stengg, der gleichzeitig auch die Klosterkirche des Stiftes Rein erneuerte. Diese beiden sehenswerten Kirchen sind die Hauptwerke Stenggs und Höhepunkte in der Entwicklung des steirischen Barock. In der reich gegliederten, figuralen und malerischen Ausstattung bildet der vom Grazer Bildhauer Josef Schokotnigg stammende Hochaltar den künstlerischen Höhepunkt: Im Altarbild ist die Verkündigung des Engels an Maria, dass sie einen Sohn gebären werde, dargestellt.

Eine Kostbarkeit ist auch die Kanzel: Auf ihrem Dach bekämpft Erzengel Michael den Drachen als Symbol des Bösen. Am Dachrand der Kanzel sitzen die vier Evangelisten: Matthäus, Markus Lukas und Johannes, dazwischen finden sich auf einem Medaillon die Worte „Selig, die das Wort Gottes hören und es befolgen". Seit Beginn des 19. Jhdts. dient die Kirche auch als Grazer Garnisonskirche.

Anreise

Vom Hauptplatz kommend geht man links durch die Murgasse, weiter über die Hauptbrücke über die Mur und kommt in die Annenstraße. Die Barmherzigenkirche hat die Hausnummer 2 in der Annenstraße.

Barmherzigenkirche Mariä Verkündigung in Graz

Münzgrabenkirche zum Unbefleckten Herz Mariä (Fatimakirche) in Graz-Jakomini

Mitte des 17. Jahrhunderts siedelten sich am Grazer Münzgraben Mönche des Augustiner-Barfüßer-Ordens an, die dort ein Kloster und eine Kirche errichteten, die der hl. Anna geweiht war. Sechs Jahre lang wirkte dort der wohl bekannteste Prediger der Barockzeit, Abraham à Sancta Clara. Später wurde das Kloster von den Dominikanern übernommen. Am Allerheiligentag des Jahres 1944 legte ein Bombenangriff die Kirche der Dominikaner in Schutt und Asche. Die heutige Münzgrabenkirche wurde zwischen 1950 und 1954 an leicht verändertem Platz nach einem Entwurf des Wiener Architekten Georg Lippert errichtet und zeigt sich als Monumentalbau. Langhaus, deutlich abgesetzter Chor und seitlicher Glockenturm stehen noch ganz in der Tradition des Historismus, während die reduzierten Formen jedoch bereits der funktional-sachlichen Nachkriegsarchitektur entsprechen.

Münzgrabenkirche (Fatimakirche) zum Unbefleckten Herz Mariä in Graz

Auch das Patrozinium wurde verändert, die neue Kirche wurde als Fatimakirche zum Unbefleckten Herz Marias geweiht, nachdem im portugiesischen Ort Fatima drei Kinder 1917 Marienerscheinungen hatten.

Im Gegensatz zum monumentalen Kirchenbau steht das an den Turm anschließende Rosarium, das mit seinem runden Wandelgang und der kleinen Fatimakapelle einen intimen Ort der Ruhe und Besinnlichkeit darstellt. Im Zentrum der Wallfahrtsaktivitäten zur Fatimakirche am Münzgraben stehen auch heute noch die Fatimafeiern am 13. des Monats.

Anreise
Die Autobahn A 2 am Knoten Graz-Ost verlassen und den Autobah-nast weiterfahren, der in die Stadt führt. Dieser mündet beim Liebenauer Stadion in die Conrad-von-Hötzendorfstraße. An dieser Kreuzung rechts abbiegen (Beschilderung Münzgraben) und die Münzgrabenstraße bis zur Fatimakirche auf Hausnummer 61 entlang fahren.

Die Kreuzreliquie

von K. Wallner [x)]

Der Überlieferung nach hat die heilige Helena, die Mutter des ersten christlichen Kaisers Konstantin, im Jahre 320 in Jerusalem das Kreuz Christi entdeckt. Man hat das Kreuzesholz ausgegraben und in viele Partikel zerteilt. Ich glaube, fast jede Kirche besitzt einen kleinen Splitter. Mein Kloster im Wienerwald hütet seit dem 12. Jahrhundert eine besonders große Reliquie dieses Holzes, es trägt daher den Namen „Heiligenkreuz".

Das Kreuz ist auch ein Symbol, ein Sinnbild für das Schwere in unserem Leben. „Es ist schon ein Kreuz!", sagt eine Redewendung. Ja, das Leben ist manchmal ein Kreuz, manchmal sogar unerträglich. Wir sind in Heiligenkreuz selber ganz überrascht, dass immer mehr Wallfahrer zu uns kommen. Die Leute knien sich hin, schauen auf die goldene Monstranz mit dem braunen Holz des Kreuzes, das hinter Panzerglas ausgestellt ist.
Man hat das Gefühl: bei diesen Betern geschieht etwas. Die Menschen gehen erleichtert weg. Im Kreuz liegt ein unendlicher Trost: dass ich mit meinen Problemen nicht allein bin, dass Gott selbst meine Lebenslast am Kreuz trägt und dass er mich zur Freude erlöst.

Kruzifix in der Wallfahrtskirche zur hl. Margaretha in Wenigzell

---

[x)] *Die Autoren danken Herrn **Prof. P. Dr. Karl Wallner OCist,** Rektor der Ordenshochschule Benedikt XVI. in Heiligenkreuz im Wienerwald, für seinen Beitrag.*

Pfarr- und Wallfahrtskirche Basilika Mariä Geburt in Graz-Mariatrost

Im Nordosten der Landeshauptstadt steht auf einem steilen Hügel die mit ihren markanten Doppeltürmen ausgestattete Wallfahrtskirche, sie begrüßt schon von weitem die herannahenden Wallfahrer. Am Fuße des Hügels empfängt die Statue des Hl. Josef mit dem segnenden Christuskind die Pilger, die eingeladen werden, noch die letzten 200 Stufen („Angelus-Stiege") zum Mariatroster Heiligtum empor zu steigen.

Die Geschichte der zur Basilika erhobenen Wallfahrtskirche reicht zumindest bis ins 15. Jahrhundert zurück. Eine lokale Sage erzählt von einer Kirche zum „Hl. Kreuz zum Landestrost", die um das Jahr 1480 von den Türken zerstört worden sein soll. Ein Splitter vom Kreuz Christi wäre dort ursprünglich verehrt worden. Genaueres wissen wir jedoch erst aus dem 17. Jahrhundert. Um 1660 wurde auf dem „Purberg" genannten Hügel ein Schlössel mit einer Schlosskapelle erbaut, in der von den damaligen Menschen bei einer Marienstatue Hilfe und Fürbitte gesucht wurde. Vom Schlossherren gefördert, verbreitete sich der Ruf des Gnadenortes „Maria Trost" durch auffallende Gebetserhörungen und Wunder sehr rasch und zog Wallfahrer aus ganz Österreich, Ungarn und Kroatien an. Vom Orden der Pauliner, welche die Betreuung von Maria Trost durch eine Schenkung erhalten hatten, wurden schließlich eine neue Kirche und das Kloster erbaut, der Gebäudekomplex konnte 1779 fertig gestellt werden. Mitte des 19. Jahrhunderts übernahmen die Franziskaner die Anlage, die den Gnadenort abermals renovierten und ihm im Wesentlichen sein heutiges Aussehen gaben. Seit 1996 wird die Seelsorge von Weltpriestern der Diözese Graz-Seckau wahrgenommen.

Bemerkenswert an der Basilika ist der großartige Raumeindruck. Durch das einfallende Licht aus der Kuppel wird der Blick der eintretenden Pilger sofort auf den Hochaltar gelenkt. Auch die durchgehenden Gewölbefresken tragen zu diesem Eindruck bei. Maria wird als Helferin zum Sieg, z.B. gegen die Türken, dargestellt, ebenso als Himmelskönigin. Am Kuppelfuß stehen die vier Evangelisten Matthäus, Markus, Lukas und Johannes. In den Seitenkapellen wird Maria mit Hilfe von historischen Darstellungen des Wallfahrtsortes als Helferin und Trösterin in vielen Lebenslagen gezeigt.

Die spätgotische Gnadenstatue, Maria mit dem Jesuskind, heute Mittelpunkt des prächtigen Hochaltars, ist um 1465 entstanden und stammt ursprünglich

Basilika Mariatrost in Graz

Gewaltiger als das Tosen vieler Wasser,
gewaltiger als die Brandung des Meeres
ist der Herr in der Höhe.
(Ps 93, 4)

aus dem Stift Rein. Nach einer barocken Überarbeitung steht sie würdevoll auf einer Wolkenbank, ist von einem Strahlenkranz umgeben und hat vielen Wallfahrern durch Jahrhunderte hindurch Trost, Gnade und Segen gespendet. *Solatium vitae nostrae* – „Trost unseres Lebens" steht auf einer Inschrift über der Statue. In den letzten Jahren erhielt die Wallfahrt nach Mariatrost einen zusätzlichen Impuls, als Papst Johannes Paul II. die Pfarr- und Wallfahrtskirche 1999 nach einer weiteren Innen- und Außenrenovierung zur Basilika erhob.

Ein kleines Zeichen der Verbundenheit zwischen dem imposanten Marienheiligtum und den irdischen Bedürfnissen der Wallfahrer befindet sich nahe dem Haupteingang der Basilika. Dort steht ein heiliges Bründl, dessen erfrischendes Wasser seit alters her als heilsam gegen Krankheiten gilt und zur Labung der durstigen Pilger dient. Vom Brunnenplatz aus hat man einen herrlichen Fernblick in die Umgebung, worüber sich ein lächelnder pausbackiger Engel an der Wasserentnahmestelle sehr zu freuen scheint.

Heiliges Bründl vor der Basilika Mariatrost

Anreise

Im Grazer Stadtzentrum am Glacis (Einbahn) nach rechts in Richtung Mariatrost abbiegen, über die Heinrichstraße und die Mariatroster Straße bis zur beschilderten Auffahrt zur Wallfahrtskirche fahren. Nach kurzer Zeit sieht man die Basilika auf dem Kirchberg.

Kein Platz?

Evangelium ist nicht nur Frohbotschaft, sondern auch Dynamit. Wer sich vom Wort Gottes ansprechen lässt, wird mit seinem Leben antworten müssen. Vielleicht ist gerade die Heilige Nacht so eine Gelegenheit, alles zu überdenken und eine Entscheidung zu fällen. In der Mette hören wir (wieder einmal) unter anderen Texten die liebgewordenen Worte: „... und legte ihn in eine Krippe, weil in der Herberge sonst kein Platz für sie war."

Heute ist es nicht anders. Für viele Millionen Menschen gibt es keinen Platz. Wohnen am Rande steht auf der Tagesordnung. Kanisterviertel (Bidonvilles) nennen sie es in Frankreich, Hexenviertel (Barriadas brujas) in Panama, Elendsviertel (Villas miserias) in Argentinien, und ein deutscher Reporter hat einmal erschüttert von der „Auswurfzone des Fortschritts" gesprochen.

In diesen Slums „leben" die Menschen. Auch Kinder. Ricardo ist eines von ihnen. Er ist zwar erst dreizehn Jahre alt, hat aber schon einen Beruf. Er ist Scheibenwischer. Seine Arbeitszeit dauert von 8 bis 22 Uhr, sein Arbeitsplatz sind die Straßen von Lima, der Hauptstadt Perus. Da steht er mit seinen Freunden (oft noch viel jünger als er) an den Kreuzungen und wartet, bis die Autos bei Rot anhalten müssen. Dann rennt er los, schwingt seine Tücher und bittet die Fahrer, dass er die Scheiben reinigen darf. Blitzschnell reibt er Staub von den Windschutzscheiben, legt sich über die Kühlerhaube, um die Mitte der Scheibe zu erreichen, springt um das Auto herum und wischt von der anderen Seite her den Rest der Scheibe klar ...

„Ricardo" gibt es auch bei uns. Ganz in unserer Nähe. Vielleicht sogar in der eigenen Familie. Nur wird er wahrscheinlich nicht Scheibenwischer sein. Ganz dringend aber würde er einen Platz brauchen.
In unseren Herzen.

Wallfahrtskirche Mariä Heimsuchung (Mariagrünerkirche) in Graz-Mariatrost

Die Wallfahrtskirche Mariagrün am Rosenberg im 11. Grazer Stadtbezirk ist die bedeutendste kirchliche Stiftung eines Bürgers der Stadt. Anlässlich der schweren Geburt ihres ersten Sohnes gelobten der Ratsbürger und Malteserordensritter Hanns Fritz und seine Frau Rosina auf ihrem Besitz am Rosenberg eine Kirche zu bauen. Der Legende nach soll das Kind später einen Stein geworfen haben, dort, wo dieser hinfiel, ließ das Stifterehepaar die erste Andachtsstätte errichten. 1669 war die gemauerte Kirche „Maria im Grien" (Maria im Grünen) fertig gestellt, das erste Patroziniumsfest wurde am 2. Juli dieses Jahres gefeiert. Das Stifterehepaar überantwortete die Kirche dem Kapuzinerorden zur seelsorglichen Betreuung.

Die ursprünglich barocke Kirche bestand zunächst nur aus einem Zentralraum mit Seitenkapellen und Chor. Später wurden die Sakristei, der Glockenturm und ein kleines Langhaus dazu gebaut, auch um die größer werdenden Pilgerscharen aufnehmen zu können. Die letzten Umbauten im 19. Jahrhundert bestimmten schließlich das heutige Aussehen der Kirche.

Mariagrüner Gnadenbild (1669)

Die Geschichte der Wallfahrt nach Mariagrün beginnt im Jahr 1680, als eine Pestepidemie in der Steiermark wütete und viele Opfer forderte. Die Bewohner von Mariagrün sollen – so berichtet uns die Chronik – von der Seuche auf wundersame Weise verschont geblieben sein. Bald erhielt die Kirche den Ruf einer Marienwallfahrtsstätte. Immer mehr Hilfesuchende kamen nach Mariagrün um den Schutz der Gottesmutter in den verschiedensten Lebenssituationen zu erflehen.

Das Gnadenbild von 1669

Wallfahrtskirche in Graz-Mariagrün

zeigt Maria mit dem Jesuskind, das mit seiner rechten Hand auf Johannes d. T. weist, der von einem Lamm begleitet ist. Viele Legenden und wundersame Ereignisse ranken sich um dieses Grazer Kleinod. Noch heute kommen die Pilger zur Himmelsmutter, insbesondere am 1. Sonntag im Juli zur traditionellen Waldprozession aus Anlass des Kirchweihfestes „Mariä Heimsuchung".

Zwei historische Persönlichkeiten sind mit der Mariagrünerkirche in enger Verbindung. Am 13. Mai 1873 fand dort die Trauung des großen steirischen Dichters Peter Rosegger mit Anna Pichler statt. Er war es auch, der sich vehement für die Erhaltung des Mariagrüner Waldes als Erholungsgebiet einsetzte und somit die Verbauung des Rosenberges verhinderte.
Gegenüber der Kirche steht ein kleines Denkmal, das an Louis Bonaparte erinnert. Der Bruder Napoleons I. und Exkönig von Holland verbrachte die Jahre von 1810 bis 1814 im Grazer Exil und hielt sich vornehmlich in Mariagrün auf.

Anreise
Im Grazer Stadtzentrum am Glacis (Einbahn) nach rechts in Richtung Mariatrost abbiegen und die Heinrichstraße entlang fahren. Am Ende der Heinrichstraße nach links abbiegen und der Beschilderung zur Wallfahrtskirche Mariagrün folgen.

Pfarr- und Wallfahrtskirche Maria Elend in Graz-Straßgang

Die Kirche mit der alten Wehrmauer und dem umliegenden Friedhof beherrscht durch ihre außergewöhnlich schöne Lage das Grazer Feld im Süden der Landeshauptstadt. Sie gehört zu den ältesten Pfarrgründungen in Graz, auf deren Boden schon zur slawischen Besiedelungszeit (6.-8. Jahrhundert) ein Wehr- oder Wachturm gewesen sein muss. Der heutige Name Straßgang leitet sich jedenfalls von der slawischen Bezeichnung *„Straza"* ab, was so viel wie Wehranlage heißt. Wie Grabsteine aus dem 2. und 3. Jahrhundert nach Christus bezeugen, dürfte das Gebiet jedoch noch früher, nämlich schon in römischer Zeit, besiedelt gewesen sein.

Die im Kern frühgotische, später vergrößerte und in der Barockzeit mit Kapellen erweiterte Kirche liegt erhöht auf einer vorgeschobenen Terrasse des Florianiberges.

Das Äußere der Kirche wird durch das stattliche Langhaus und den gedrungenen Turm mit der spätbarocken Zwiebelhaube bestimmt.
In den prachtvollen barocken Hochaltar, 1727 vom Grazer Bildhauer Johann Jakob Schoy geschaffen, ist das vom früheren Altar stammende spätgotische Gnadenbild (1519) der Straßganger Gnadenmutter eingearbeitet worden. Es ist vom Typus einer Schutzmantelmadonna, das der in der Mystik des Mittelalters entwickelten Symbolik entspricht. Die Geste des Mantelschutzes entstammt nämlich ursprünglich dem weltlichen Bereich der Rechtssprechung: Kinder wurden vom Vater legitimiert oder adoptiert, indem er sie unter den Mantel nahm. Frauen und hochgestellte Persönlichkeiten konnten Verfolgte unter ihrem Mantel Schutz gewähren und für sie um Gnade bitten. Diese Geste erhielt eine mystische Bedeutung, als man Maria als *„Mater omnium"*, als Mutter aller Menschen verehrte, die die Welt unter ihrem Mantel schützte.
Unter dem Mantel der Straßganger Mutter finden sich weltliche und kirchliche Potentaten der damaligen Zeit, wie z.B. die Kaiser Friedrich III. und sein Sohn Maximilian I., Papst Pius II. und andere Vertreter der verschiedenen Stände. Auf dem Arm Mariens wendet sich das Jesuskind segnend an die Menschheit. Zur Straßganger Schutzmantelmadonna sind durch Jahrhunderte hindurch bis zum heutigen Tag viele Wallfahrer mit ihren Anliegen gekommen, was durch Votivtafeln *(Ex-voto-Tafeln)* nach Gebetserhörungen in der Kirche belegt wird.

Pfarr- und Wallfahrtskirche Maria Elend in Graz-Straßgang

In unmittelbarer Nähe der Kirche von Straßgang befinden sich noch zwei weitere Heiligtümer, die hier kurz besprochen werden sollen: Die Floriani- und die Rupertikirche.

Die **Florianikirche** liegt auf der höchsten Erhebung des Florianiberges, sie ist dem hl. Florian geweiht und als ein Barockjuwel seit Jahrhunderten ein beliebtes Wallfahrtsziel. Nach einem Brand in der Grazer Innenstadt im Jahr 1670, der nach dem Gebet zum hl. Florian endlich gelöscht werden konnte, gelobte die Grazer Bürgerschaft eine jährliche Wallfahrt zur Florianikirche nach Straßgang durchzuführen. Die Wallfahrt mit anschließendem Kirtag auf der Waldlichtung vor der Kirche am Sonntag nach Floriani (Anfang Mai) ist auch heute noch lebendig.
An mehreren Stellen der Kirche finden wir Darstellungen aus dem Leben und Wirken des Heiligen, der im Jahr 304 n. Chr. wegen seinem Festhalten am christlichen Glauben in der Enns nahe dem heutigen Stift St. Florian in Oberösterreich ertränkt wurde. In mehreren Darstellungen in der Kirche (Hochaltar, Schnitzfiguren) trägt er den steirischen Herzogshut, als er Wasser auf die brennende Grazer Altstadt gießt.

Im Jahr 1354 wird die **Rupertikirche** am Fuß des Florianiberges erstmals urkundlich erwähnt, doch ist der Bau wohl wesentlich älter. Möglicherweise gab es hier schon eine Vorläuferkirche in karolingischer Zeit, also im späten 9. Jahrhundert. Damit wäre die Rupertikirche der älteste Kirchenbau in Graz.
Der Hochaltar zeigt im Hauptbild (1675) den Kirchenpatron Rupert, den ersten Bischof von Salzburg und heutigen Diözesanpatron der Diözese Graz-Seckau. Seitliche Statuen der Pestheiligen Sebastian und Rochus sowie weitere Altäre ergänzen die barocke Einrichtung.

Anreise
Die Autobahn A 2 bei der Ausfahrt Graz-West verlassen, weiter Richtung Straßgang fahren, rechts abbiegen und der Beschilderung zur Pfarrkirche folgen. In unmittelbarer und leicht zu Fuß erreichbarer Nähe sind die Ruperti- und die Florianikirche.

Die Marienfeste im liturgischen Jahr

Monat	Tag	Fest	Anmerkung
Jänner	1.	Hochfest der Gottesmutter	gebotener Feiertag
Februar	2.	Darstellung des Herrn	früher: Maria Lichtmess
	11.	Gedenktag Unserer Lieben Frau (U.L.F.) in Lourdes	im Jahre 1858
März	25.	Verkündigung des Herrn	früher: Mariä Verkündigung

Samstag nach dem 2. Sonntag nach Pfingsten: Herz Mariä

Monat	Tag	Fest	Anmerkung
Juli	2.	Mariä Heimsuchung	
	16.	Gedenktag U.L.F. auf dem Berge Karmel	
August	5.	Weihetag der Basilika Sta. Maria Maggiore in Rom	früher: Maria Schnee
	15.	Hochfest Mariä Aufnahme in den Himmel	gebotener Feiertag Mariä Himmelfahrt
	22.	Maria Königin	
September	8.	Mariä Geburt	
	12.	Mariä Namen	
	15.	Gedächtnis der Schmerzen Mariens	
Oktober	7.	Gedenktag U.L.F. vom Rosenkranz	
November	21.	Gedenktag U.L.F. in Jerusalem	früher Mariä Opferung
Dezember	8.	Hochfest der ohne Erbsünde empfangenen Jungfrau und Gottesmutter Maria	gebotener Feiertag, früher: Mariä Empfängnis

„Beweglicher" Marienfeiertag: Am Tag nach dem Herz-Jesu-Freitag: Unbeflecktes Herz Mariä

Pfarr- und Wallfahrtskirche zum hl. Pankrazius in St. Pankrazen

Die alte Wallfahrtskirche, die dem hl. Pankrazius geweiht ist, wurde erstmals 1365 urkundlich erwähnt. Sie steht auf einer Anhöhe, umgeben vom malerischen Ort und grüßt weithin sichtbar die herankommenden Pilger.

Die Kirche birgt einige Kostbarkeiten: Der Hochaltar stammt aus dem Jahr 1620 und wurde 1968 vom Stift Rein in die Pankraziuskirche übertragen. Besonders die Statue des hl. Pankraz ist eine wunderbare Arbeit, ebenso wie die spätgotische und später barock überarbeitete Muttergottes-Statue mit Kind. Ein Kleinod ist auch der Sebastiansaltar. Im Chor sind viel beachtete zweibahnige gläserne Maßwerkfenster, wovon die beiden seitlichen Glasmalereien vom Künstler Fritz Silberbauer, Mitglied der Wiener Secession, im Jahr 1930 und ein weiteres Bild von Franz Weiß 1970 geschaffen wurden.
Der Kirchenpatron, der hl. Pankrazius, gehört zu den Märtyrern in der Kirche. Er hat schon als Jugendlicher den gewaltsamen Tod durch Enthauptung gefun-

Pfarr- und Wallfahrtskirche St. Pankrazen (Aufnahme 2007)

den (304), weil er nicht vom christlichen Glauben abgehen wollte. Die im Jahr 500 über dem Grab des hl. Pankrazius errichtete Kirche San Pancrazio fuori le mura in Rom ist auch heute noch ein beliebtes Wallfahrtsziel. In der Volksfrömmigkeit wird Pankrazius als Eisheiliger verehrt, er ist Patron der Erstkommunikanten, der jungen Saat, Pflanzen und Blüten und wird um Hilfe bei Krämpfen und Kopfschmerzen angerufen. Pankrazius-Patrozinien in der Steiermark sind Grafendorf (Filialkirche), Gutenberg (Schlosskapelle) und Oberwölz (Filialkirche).

Maria mit dem Kind in St. Pankrazen (Ende 15. Jhdt.)

Anreise

Die Autobahn A 9 bzw. die Schnellstraße S 35 beim Autobahnknoten Deutschfeistritz verlassen und Richtung Kleinstübing und weiter über Großstübing nach St. Pankrazen fahren.

Bauernregeln rund um den „Eisheiligen" Pankrazius

Wenn's an Pankrazius (12. Mai) gefriert, wird im Garten viel ruiniert.

Pankraz und Urban (25. Mai) ohne Regen, bringen großen Erntesegen.

Wallfahrtskirche Mariä Namen (Maria Straßengel) in Judendorf-Straßengel

Der „steirische Steffl", wie die Wallfahrtskirche Maria Straßengel liebevoll genannt wird, zählt zu den bedeutendsten Sakralbauten der Hochgotik in Österreich. Die Kirche liegt weithin sichtbar auf einem in das Gratweiner Becken hineinragenden Hügel, auch Frauenkogel genannt, zwischen den beiden Ortschaften Judendorf und Straßengel. Der Name leitet sich vom slawischen Wort *„Straza"* (Warte, Turm) ab, was auf eine ursprünglich dort angelegte Wehranlage hinweist.

Die erste urkundliche Nennung einer Kapelle in Straßengel datiert um das Jahr 1208, über der man 1346 die gotische Kirche errichtete, die 1355 geweiht wurde. Weitere Veränderungen erfuhr die Kirche durch den Zubau mit Kapelle, Sakristei und Glockenturm. Zu Verteidigungszwecken gegen die hereinstürmenden Türken wurde die noch heute sichtbare Mauer angelegt. In der Barockzeit wurden die Annakapelle und eine neue Sakristei angebaut. Architekturdetails und der durchbrochene Turmhelm sowie kostbare Glasmalereien zeigen die Verbindung zur Wiener Dombauhütte.

Maria Straßengel – Votivbild mit Darstellung der Gnadenmutter

Ihren Anfang nahmen die Wallfahrten nach Maria Straßengel auf Grund einer Legende. Markgraf Ottokar II. von Traungau soll im Jahr 1157 dem Stift Rein ein Marienbild, das er von einer Wallfahrt aus Palästina mitgebracht hatte, zum Geschenk gemacht haben. Seine Auflage war, dass es in Straßengel zur öffentlichen Verehrung aufgestellt wird.

Das heutige Gnadenbild, eine „Maria im Ährenkleid"-Darstellung aus dem Jahr 1430/40 lässt sich mit dem ursprünglichen Marienbild Ottokars II. nicht in Verbindung bringen, dieses ist verloren gegangen. Das nunmehr verehrte Gnadenbild auf dem marmornen

Wallfahrtskirche Maria Straßengel in Judendorf-Straßengel

Hochaltar (1885) ist eine Kopie des 1976 gestohlenen Mariengnadenbildes, die vom Künstler Gottfried Höfler nach alten Vorlagen reproduziert wurde. Die ursprünglich spätgotische Darstellung der Maria als jugendliche Tempeljungfrau mit dunkelblauem Kleid, das mit goldenen Ähren verziert ist, wurzelt in der theologischen Auffassung, dass Maria die Gnadenähre ist, die den Weizen an Christus abgibt.
Der zweite Verehrungsgegenstand der Wallfahrtskirche ist ein im Jahr 1255 gefundenes natürlich gewachsenes Wurzelkruzifix. Der Legende nach fanden es Hirten vor dem Heiligtum von Straßengel. Das Kruzifix zeigt eine sehr realistische Darstellung des Gekreuzigten, dessen Haupt- und Barthaare aus Wurzelfasern gebildet sind. Wissenschaftliche Untersuchungen erbrachten, dass keine Einwirkungen eines Schnitzmessers in den Pflanzenzellstrukturen nachweisbar sind. Es ist 1976 zusammen mit dem Gnadenbild aus der Kirche gestohlen worden, tauchte jedoch unmittelbar danach wieder auf. Eine Nachbildung dieses Kreuzes findet sich, von Engeln gehalten, an der Rokokokanzel.

Wer nach Maria Straßengel kommt, sollte auch nicht versäumen, das nahe **Zisterzienserstift Rein**, das 1129 von Markgraf Leopold I. gegründet wurde, zu besuchen. Die romanische Basilika wurde 1140 geweiht und erhielt nach einigen Umbauten 1738 ihr barockes Aussehen. Der 1768 errichtete Hochaltar zeigt ein Geburt-Christi-Bild von Martin Johann Schmidt („Kremser Schmidt"), das früher in Straßengel aufgestellt war.

Anreise

Die Autobahn A 9 bei der Ausfahrt Gratkorn verlassen, Richtung Judendorf-Straßengel weiter fahren. Die Wallfahrtskirche ist vom Ortsteil Straßengel aus erreichbar, von dem aus eine steile Straße zur Wallfahrtskirche führt.

Gesamtansicht der Anlage von Maria Straßengel

Der Dekalog

Die Zehn Gebote

Ich bin dein Gott, der dich befreit hat:

Du sollst keine anderen Götter neben mir haben.

Du sollst den Namen Gottes nicht missbrauchen.

Du sollst den Tag des Herrn heiligen.

Du sollst Vater und Mutter ehren.

Du sollst nicht töten.

Du sollst nicht ehebrechen.

Du sollst nicht stehlen.

Du sollst nicht falsch aussagen gegen deinen Nächsten.

Du sollst nicht begehren die Frau deines Nächsten.

Du sollst nicht begehren das Gut deines Nächsten.

Der volle Wortlaut findet sich in: Exodus 20, 1-21 und Deuteronomium 5, 6-22

*Die fünf Bücher Mose, auch Pentateuch genannt, heißen:
1. Genesis; 2. Exodus; 3. Leviticus; 4. Numeri; 5. Deuteronomium*

Die Aktualität des Dekalogs zeigt sich auch darin, dass Papst Benedikt XVI. diesen bei seinem Österreich-Besuch im September 2007 in einer Predigt besonders hervorstrich.

Wallfahrtskirche zum hl. Ulrich und heiliges Bründl in St. Ulrich/Semriach

Das mit Holzschindeln bedeckte kleine gemauerte Ulrichskirchlein steht hoch am Berghang in St. Ulrich nahe bei Semriach. Bemerkenswert ist eine Kanzel an der Außenseite, die der Pfarrer benützt, wenn die Kirche zu klein wird, weil besonders viele Wallfahrergruppen das Heiligtum aufsuchen. Das Gotteshaus wurde 1710 über einer Quelle gebaut, die dem hl. Ulrich geweiht ist.

> Dich preist der Bruder Wasserquell,
> der aus der Berge Schachten springt
> und talwärts rauschend rein und hell,
> den Menschen Heil und Labe bringt.
> *(hl. Franz von Assisi)*

Der hl. Ulrich war der erste Heilige, den die Kirche kanonisch als Heiligen anerkannt hat (996). Seine Fürsprache wird bei Risikoschwangerschaften, gegen Widerwärtigkeit und andere Krankheiten angerufen. Wir finden den hl. Ulrich auch als Wasserpatron bei vielen Heilquellen, zu denen kranke Menschen gerne kommen.

Wer die heilige Stätte betritt, wird sofort ein besonderes Gefühl für die Kraft bekommen, die dort herrscht, er wird von der Stimmung des Platzes eingenommen werden.

Eine lebensgroße barocke Ulrichstatue aus dem beginnenden 18. Jahrhundert steht in einer Nische der Brunnengrotte über einem ausgehöhlten Holztrog, in den das Quellwasser fließt. Das Wasser kommt reichlich, es ist leicht alkalisch, sehr weich und etwas eisenhältig. Es schmeckt ausgezeichnet und ist sehr kalt. Es war schon in römischer Zeit bekannt, da die Römer auf ihren Feldzügen Wasser brauchten, das nicht so schnell ungenießbar wurde. Radiästhetische[x)] Untersuchungen haben ergeben, dass das Wasser vom Ulrichbrunnen rechtsdrehend

Ulrichsbrunnen mit barocker Statue des hl. Ulrich

Wallfahrtskapelle St. Ulrich/Semriach

ist. Manche nehmen es wie Medizin zu sich, entweder zu therapeutischen oder zu vorbeugenden Zwecken. Der Brunnen versorgt auch die Ortswasserleitung von St. Ulrich, wie wir bei einem Gasthausbesuch während eines schweren Hagelgewitters erfahren haben.

Anreise

Die Schnellstraße S 35 von Bruck an der Mur kommend bei der Ausfahrt Peggau verlassen und auf der Straße nach Semriach weiterfahren. In Semriach Richtung Passail fahren, bald kommt der erste Hinweis auf den Ulrichbrunnen. Der Beschilderung nachfahren, nach kurzer Wegstrecke ist man beim Bründlheiligtum.

---

[x] *Radiästhesie: „Strahlenempfänglichkeit", eine zur Erklärung der Handhabung von Pendeln und Wünschelruten angenommene besondere menschliche Veranlagung.*

Pfarr- und Wallfahrtskirche Maria Trost im Grazer Feld in Fernitz

Die heutige Wallfahrtskirche in Fernitz imponiert durch eine eindrucksvolle Architektur und ein geglücktes Miteinander von alten und neuen Elementen im Inneren. Sie ist eines der meistbesuchten Marienheiligtümer der Steiermark.

Die Anfänge des Wallfahrtswesens nach Fernitz reichen bis ins 12. Jahrhundert zurück. Um 1150 soll eine Marienstatue vom nahen Vasoldberg in der Fernitzer Au gefunden worden sein. Obwohl man sie mehrere Male zurück brachte, soll sie immer wieder an den ersten Fundort zurückgekehrt sein. Schweren Herzens überließen die Vasoldberger die Statue den Fernitzern – so erzählt uns die alte Legende.
Bald wurde in Fernitz eine Kapelle, später eine Kirche errichtet, die mehrere Male renoviert und umgebaut wurde, bis sie im 16. Jahrhundert etwa das heutige Aussehen einer spätgotischen Hallenkirche erhielt. Ende des 19. Jahrhunderts wurde die Einrichtung verändert, der vergoldete neugotische Hochaltar dominiert seither das Kircheninnere.
Die spätgotische Gnadenstatue steht unter einem Hochaltarbaldachin: Maria hält das Jesuskind am rechten Arm und reicht ihm eine goldene Frucht. Seit dieser Marienstatue der Sieg über die Türken bei Wien im Jahr 1532 zugesprochen wird, zieht es Wallfahrer aus der Steiermark, besonders aus Graz, aber auch aus Wien immer wieder zu ihrer „Fernitzerin".
Im Jahr 2001 wurde vom Grazer Künstler Werner Schimpl ein würfelartiger Glaskörper gestaltet, der seither den Altarraum ziert. In früheren Jahren hat es rund um die Fernitzer Wallfahrtskirche viele Mühlen gegeben, die für die Herstellung des täglichen Brotes wichtig waren. Schimpl griff diese Tradition auf und hat einen Ort für das himmlische Brot gestaltet. Sieben Mühlsteine wurden übereinander geschlichtet und durch Glasplatten verbunden. „Ein harmonisch ausgewogener Block aus zwei gegensätzlichen Materialien. Der Stein als irdisches Element und das Glas als transparente, geistige Komponente lassen uns Jesus als irdisches und göttliches Wesen zugleich begreifen", so der Künstler über seine Arbeit.

Anreise

Die Autobahn A 2 auf der Ausfahrt Graz-Flughafen verlassen und auf der B 67 Richtung Kalsdorf fahren. Vor Kalsdorf Richtung Fernitz abzweigen, die Wallfahrtskirche Maria Trost im Grazer Feld steht im Ortszentrum.

Pfarr- und Wallfahrtskirche Maria Trost im Grazer Feld in Fernitz

Erinnerung an meinen Großvater

Nicht nur für einen prominenten Autor (Thomas Bernhard) war der Großvater eine dominierende Bezugsperson. Auch für mich. Das Grab meines Großvaters befindet sich am Friedhof in Unterpremstätten. Dort heißt es ...„Flugpionier"... Großvater hatte Hauptschulbildung, damals „Bürgerschule", bastelte sich ein Flugzeug und flog damit von Wien-Aspern nach Wiener Neustadt. Von Beruf war er „Kaffeesieder", fliegender Kaffeesieder sozusagen. Im „Kaiserhof" in Graz bediente er u.a. Alexander Girardi, der dort Stammgast war.

Ein paar Monate vor seinem Tod flog der (damals) älteste Pilot mit der (damals) jüngsten Pilotin am Steuerknüppel einige Runden über Premstätten. Er war einer der ersten vier Inhaber einer Fluglizenz in Österreich.

RUDOLF SIMON
FLUGPIONIER
1878 1960
HELENE SIMON
1884 1976
PAULA PLANETA
1906 1976
FRANZ PLANETA
1915 1977

Ein wenig mehr

Indonesien, im Bergland Sumatras. Ein Bauer vom Stamm der Bataker bot uns Ananas von seiner Plantage an und schon nach wenigen Bissen stand fest, dass es nicht nur bei einer Kostprobe bleiben werde – zu köstlich schmeckten diese frisch geernteten Früchte. Dann ging's ans Zahlen und Abschied nehmen. Mit nicht geringer Freude bot uns die Frau des Bauern ein Gefäß mit Wasser zum Reinigen der Hände an. Wasser aber ist in dieser Region sehr wertvoll und nur in geringen Mengen vorhanden. Auf unsere Frage gab sie zur Antwort, dass sie alle immer das Regenwasser sammelten und damit so einigermaßen über die Runden kämen, natürlich müsse man sehr sparsam umgehen – aber Freunden Freude zu machen, sei doch selbstverständlich!

Eine kleine Geschichte von der Schildkröte aus dem berühmten hinduistischen Ramayana-Epos: Einst musste ein Volk seine Heimat verlassen und zu einer unbekannten Insel aufbrechen. Während der Seefahrt kam ein gewaltiger Orkan auf, das Schiff begann zu sinken. Eine riesige Meeresschildkröte sah die dem Tod ausgelieferten Menschen und beschloss, sie zu retten. Eilends schwamm sie zu dem untergehenden Schiff, nahm die Männer, Frauen und Kinder auf ihren Panzer und brachte sie heil zu einer Insel. Dort allerdings wären sie dem Hungertod ausgeliefert gewesen. Als die Schildkröte dies erkannte, schwamm sie sofort zur Insel, um sich selber den Menschen als Nahrung zu schenken, damit diese endgültig gerettet seien.

Nicht nur Ananas – auch Wasser. Nicht nur vorläufig retten – sondern endgültig.

Für oder gegen das Leben

Eine Kindheitserinnerung: Die Sirenen heulen. Fliegeralarm. So rasch wie möglich in den Luftschutzkeller. Diesmal ist wahrlich der Teufel los. Die Erde bebt. Risse in den Gemäuern. Frauen schreien und weinen. Wir werden hin und her geworfen. Infernalisches Pfeifen und Zischen. Bomben fallen. Immer ärger und ärger wird es. Und dann urplötzlich: tödliche Stille. Aus. Über Trümmer und Mauerteile versuchen wir, zum Kellerausgang zu gelangen. Da versperrt uns der alte Kastanienbaum den Weg.

Mein alter Kastanienbaum! Wie oft bin ich in seinen Ästen herumgeklettert, habe seine Früchte gesammelt, damit gebastelt, und jetzt liegt er entwurzelt, noch immer mächtig und prächtig anzuschauen, direkt über dem Eingang zu unserem Keller. So, als ob er mit seinen Ästen und Zweigen – Händen gleich – uns schützen wollte. „Der arme Baum", sagte ich. Er hat uns wahrscheinlich allen das Leben gerettet, meinte mein Vater und strich mir zärtlich übers Haar. Da gab es noch einmal ein gewaltiges Donnern, Bersten und Krachen: der Keller, in dem wir noch vor wenigen Minuten gebangt, gezittert und gebetet hatten, stürzte ein. Der Kastanienbaum war wirklich unser Lebensretter gewesen!

> Wenn du die Menschen verurteilst,
> hast du keine Zeit, sie zu lieben.
> *(Mutter Teresa)*

Kinderlandverschickung. Ich kam zu Bauern in die Steiermark. In die Nähe von Graz unweit von Fernitz mit der schönen Wallfahrtskirche „Maria Trost im Grazer Feld". Fliegeralarm. Wir Buben waren gerade auf dem Feld. Hoch über uns silberne Vögel in der Morgensonne: Die Flugzeuge der „Feinde". Die Flak böllerte in den Himmel und traf eine Maschine. Wir sahen den Blitz, das Feuer, das abstürzende Flugzeug. Mit Fallschirmen konnten sich die Piloten damals (vorläufig) retten. Sie schwebten zur Erde. „Hurra, sie leben!" schrieen wir Buben vor Freude und waren wenig später starr vor Entsetzen. Alte Männer mit alten Gewehren im Anschlag warteten, bis die Fallschirmspringer nahe genug zum Boden gekommen waren und knallten sie dann ab. Wir sahen zwei Leichen zur Erde schweben. Ich weiß es heute noch ganz genau:

> Man kann Weinenden nicht die Tränen abwischen,
> ohne sich die Hände dabei nass zu machen.
> *(Aus Südafrika)*

Eines ist an Gräbern immer spürbar-
dass man zu wenig geliebt hat, immer zu wenig.
(Rudolf Paulsen)

wir weinten damals und schrieen – mehr konnten wir nicht tun.

1945. Eisenbahnfahrt von Graz nach Wien. Für 250 km brauchte man damals über acht Stunden. Am Semmering ging's nicht weiter. Alle Männer aus dem Zug: Holz holen! Obwohl damals noch kein Mann, schleppte ich dennoch einige Äste herbei und durfte dafür bis Wien in der Lokomotive mitfahren. Ein Bubentraum wäre in Erfüllung gegangen, hätte ich nicht einen fürchterlichen Hunger gehabt. Richtig schlecht war mit damals vor Hunger und Durst. Endlich in Wien. Der Bahnhof eine Ruine. Viele Menschen, die warteten. Ganz wenige mit einer Armbinde. Mit einer ganz anderen, als ich sie bisher kennen gelernt hatte. Und von einer dieser wenigen Personen mit der neuen Armbinde bekam ich ein Stück Brot und einen Papierbecher mit lauwarmem Tee. „Mehr können wir dir leider nicht geben" sagten sie bedauernd. Ohne es zu wissen, war ich damals zwei Institutionen begegnet, die in meinem späteren Leben noch eine entscheidende Rolle spielen sollten: der Kirche (Caritas) und dem Roten Kreuz. Für viele bedeutete Brot und Wasser damals tatsächlich Leben!

Ich war Menschen begegnet, die auf andere Menschen schießen und Menschen, die versuchen, anderen zu helfen. Und schließlich Menschen, die anderen das Brot brechen, das leben lässt. Überall dort, wo auf Menschen geschossen wird, mangelt es an Menschlichkeit, an Mitmenschlichkeit. Wenn wir alle miteinander das Morgen noch erleben wollen, müssen wir uns heute entscheiden. Für oder gegen das Leben. Wir haben die Wahl. Aber auch die Verantwortung.

Pfarr- und Wallfahrtskirche Basilika Mariä Geburt in Mariazell

Der Überlieferung nach wurde Mariazell im Jahr 1157 gegründet. Im fernen Kloster St. Lambrecht, zu dem der Besitz der Mariazeller Gegend gehörte, soll Abt Otker den Entschluss gefasst haben, den Mönch Magnus in jene Gegend zu schicken, um die Seelsorge der dort ansässigen Holzknechte zu übernehmen.

Der Mönch hatte in seiner Klosterzelle eine geliebte Marienstatue, die er selbst geschnitzt hatte. Mit Bewilligung des Abtes durfte er diese auf die Reise mitnehmen. Als er, schon müde von der beschwerlichen Wanderung, am Abend des 21. Dezember 1157 nahe dem Ziele war, das er zur Niederlassung ausersehen hatte, versperrte ihm plötzlich ein aufragender Felsblock den Weg. Da die Nacht schon hereingebrochen war, wandte sich Magnus flehentlich an die Muttergottes um Hilfe. Sogleich spaltete sich der Felsen und gestattete dem Mönch den Durchgang. Er sah eine freie Anhöhe, die er erstieg. Nachdem er dieses Ziel erreicht hatte, stellte er die Statue auf einen Baumstrunk, der noch heute am Mariazeller Gnadenaltar erhalten ist und begann eine Holzkapelle („Zelle") zu zimmern, in der er die Statue aufstellte. Von hier aus übte er die Seelsorge aus, und alsbald wurde die Kapelle der geistliche Mittelpunkt für die ganze Gegend.

Gnadenbild Magna Mater Austriae in Mariazell

Basilika Mariä Geburt in Mariazell

Bei Kreuzen am Weg nach Mariazell verweilen viele Pilger in stillem Gebet

Die erste schriftliche Erwähnung der *„Cell"* finden wir 1243. Im Jahr 1330 ist die Kirche „Unserer Lieben Frau zu Zell" in einer Urkunde des Salzburger Erzbischofs Friedrich III. als viel besuchter Wallfahrtsort quellenmäßig belegt. Bereits 1344 erhielt der Ort das Marktrecht. Der Pilgerstrom nahm ständig zu. Um 1400 gab es schon Verkaufsstände für Votivgaben, und etwa hundert Jahre später war Mariazell als Wallfahrtsort international bekannt. Pilger aus der Gegend des heutigen Bayern, aus Böhmen, Frankreich, Italien, Kroatien, Polen,

Kreuzigungsgruppe am Mariazeller Kalvarienberg mit Blick in Richtung „Mariazeller Hüte"

Deutschland, Schweiz, vor allem aber aus Österreich und Ungarn suchten schon damals die Hilfe der Mariazeller Gnadenmutter. Die Statue ist eine frühgotische Schnitzfigur der thronenden Maria mit Kind und trägt noch Spuren alter Bemalung. Sie stammt aus der 2. Hälfte des 13. Jahrhunderts.

Ab dem 17. Jahrhundert erlebte Mariazell eine besondere Blütezeit als Nationalheiligtum des Hauses Habsburg, das nicht nur sein persönliches Schicksal, sondern das ganze Land und seine Bevölkerung dem Schutz der Mariazeller Gottesmutter anvertraut hat. Seither wird die Gnadenmutter auch als *Magna Mater Austriae,* als große Mutter Österreichs, bezeichnet. Die Vorbildwirkung der Herrscherfamilie bewog die Angehörigen des Adels und des Bürgertums und schließlich auch die bäuerliche Bevölkerung, nach Mariazell

Bischöfe nahmen CD mit Marienliedern auf

Außer den 24 Marienliedern, die alle in Österreich beheimatet und lebendig sind, umfasst die CD

- Gedanken von Kardinal Dr. Christoph Schönborn zum Schlussgebet der Enzyklika "Deus Caritas est" von Papst Benedikt XVI.,
- die Aufnahme der letzten Predigt von Kardinal Dr. Franz König über die Kirchenmusik,
- das Festtagsevangelium vom 8. September (Patroziniumsfest von Mariazell),
- einige Orgelstücke,
- Aufnahmen des Mariazeller Festgeläuts und
- der Wiener Pummerin.

Die CD ist als „Pilgergeschenk" der österreichischen Bischöfe zum 850-Jahr-Jubiläum von Mariazell gedacht und Papst Benedikt XVI. und seinem Besuch in Österreich gewidmet.

Andachtsbildchen Mariazell
Druck/Papier
(Sammlung H. Burkhard/Graz)

zu pilgern. Berühmt waren die Wallfahrten des großen Marienverehrers Fürst Paul Esterhazy, der aus Dankbarkeit für den Sieg über die Türken mit Tausenden Wallfahrern aus dem heutigen Burgenland und Westungarn nach Mariazell gezogen ist.

Die gotische Kirche konnte die große Pilgerzahl nicht mehr beherbergen, daher entschloss sich Abt Benedikt Pierin von St. Lambrecht zur barocken Erweiterung, die der Kirche ihr charakteristisches Aussehen gab. Die Stadterhebung im Jahre 1948 ist nicht nur der Größe des Ortes zu verdanken, sondern der Bedeutung als kirchliches und kulturelles Zentrum weit über die Grenzen Österreichs hinaus.

Seit dem Fall des Eisernen Vorhanges ist es auch Pilgern aus den östlichen und südlichen Nachbarstaaten Österreichs wieder ungehindert möglich, nach Mariazell zu kommen. Die Gnadenmutter wurde nämlich im Laufe der Zeit auch als *„Magna Hungarorum Domina"* und *„Mater Gentium Slavorum"* bezeichnet und damit als Nationalheiligtum Ungarns und der slawischen Völker in der Mariazeller Basilika verehrt. Bei einer Einwohnerzahl von knapp 2000 rechnet man pro Jahr mit über einer Million Pilgern und Besuchern Mariazells, über 100.000 Übernachtungen meldet das lokale Tourismusbüro.

Blick auf den traditionsreichen „Goldenen Löwen",
jetzt Lebzelterei Pirker in Mariazell

Anreise

Von Norden kommend: Die Schnellstraße S 6 bei der Ausfahrt Mürzzuschlag-Ost verlassen und auf der B 23 bis Mariazell fahren.

Von Süden kommend: Die Schnellstraße S 6 bei der Ausfahrt Kapfenberg verlassen und auf der B 20 bis Mariazell fahren.

Historische Daten von Mariazell

1157 – Mönch Magnus von St. Lambrecht „gründet" die Zelle

1200 – Markgraf Heinrich aus Mähren stiftet die romanische Kapelle

1340 – 1390 – Umbauten im gotischen Stil; König Ludwig von Ungarn stiftet eine Kapelle und das Schatzkammerbild

1420 + 1474 – Feuer im Ort beschädigt auch die Kirche

1644 – 1683 – Barockisierung der Kirche

1786 – Kaiser Josef II. hebt das Stift St. Lambrecht auf und verbietet Wallfahrten

1809 – Der Kirchenschatz von Mariazell wird vor napoleonischen Truppen in Sicherheit gebracht

1827 – Wieder brennt es in Mariazell, das Feuer vernichtet Dach und Turmhelme der Basilika

1857 – Kaiser Franz Josef I. und Kaiserin Elisabeth besuchen Mariazell zum 700-Jahr-Jubiläum

1907 – Erhebung der Kirche zur „Basilika Minor"

1908 – Päpstliche Krönung der Gnadenstatue

1945 – Etwa 5000 Russen ziehen in Mariazell ein

1956 – „Stumme Kerzen" laden zum Gebet für Verfolgte in den kommunistischen Ländern ein

1983 – Papst Johannes Paul II. besucht Mariazell

1990 – Dankwallfahrt der ehemaligen „Ostblockländer" mit 25.000 Teilnehmern

1996 – „Wallfahrt der Vielfalt" eröffnet den „Dialog für Österreich"

2004 – „Wallfahrt der Völker" und Abschlussveranstaltung des Mitteleuropäischen Katholikentages mit 100.000 Pilgern

2007 – 850-Jahr-Jubiläum mit Papst Benedikt XVI. und Abschluss der Renovierungsarbeiten.

Ort der Erinnerung an Kardinal Dr. Franz König

Als „Ort der Erinnerung", der aber ganz wesentlich in die Zukunft weist, hat Kardinal Dr. Christoph Schönborn am 13. August 2007 in Mariazell die neue Erinnerungsstätte für Kardinal Franz König in der Wallfahrtsbasilika bezeichnet. Der „Ort der Erinnerung" in der Ägidiuskapelle in unmittelbarer Nähe zum Gnadenaltar beinhaltet fünf Glaskuben, in die Gegenstände eingelassen sind, die zu Kardinal König Bezug haben: Seinen Rosenkranz, sein Konzilsring, sein Brustkreuz, das ihm Johannes XXIII. geschenkt hatte, das „Enkolpion" (= ostkirchliches Bischofsmedaillon), das ihm der Wiener Orthodoxe Metropolit Michael Staikos zum 100. Geburtstag schenken wollte und das „Anuario Pontificio", das er bei sich hatte, als er im Jahre 1960 auf dem Weg zum Begräbnis von Kardinal Alojzije Stepinac in der Nähe von Varazdin verunglückte.

Diözesanarchivarin Dr. Annemarie Fenzl hat zu den einzelnen Kuben Texte erstellt, die deutlich machen sollen, worum es dem Wiener Alterzbischof gegangen ist. Dabei wird jeweils ein Satz des Kardinals zitiert und dazu eine kurze Auslegung gegeben. Kardinal Franz König starb am 13. März 2004; seither findet in der Basilika von Mariazell am 13. jeden Monats ein Gedenkgottesdienst statt.

Pfarrkirche zum hl. Leonhard in Seewiesen

Pfarr- und (ehem.) Wallfahrtskirche zum hl. Leonhard in Seewiesen

Seewiesen, am Fuße des steirischen Seeberges in etwa 1000 m Höhe gelegen, wird auch das „steirische Heiligenblut" wegen seines Ortsbildes und vor allem wegen seiner kleinen gotischen Kirche genannt. Bereits 1335 entstand hier zur „größeren Bequemlichkeit der Zeller Wallfahrer" eine Kapelle. 1366 wird eine Kirche, die dem hl. Leonhard geweiht ist, erstmals urkundlich erwähnt.

Aus den Anfängen der Kirche stammen das Kreuzrippengewölbe und die beiden Statuen der hl. Barbara und des hl. Leonhard. Chor, Hochaltar und wunderbare Fresken sind aus der Barockzeit. Bemerkenswert ist der Hochaltar. 1692 errichtet, enthält er ein Altarbild des hl. Leonhard, sowie zwei Gnadenbilder mit einem direkten Bezug zu Mariazell. Das eine ist eine Darstellung der Mariazeller Magna Mater, wahrscheinlich aus dem 16. Jahrhundert und das andere eine Kopie des Schatzkammerbildes aus dem 18. Jahrhundert.
Der hl. Leonhard (Patrozinium: 6. November) ist der Schutzpatron der Bauern, Knechte, Fuhrleute, Schmiede, Schlosser und vielen anderen. Er wird in ländlichen Gebieten als Viehpatron verehrt und den 14 Nothelfern zugezählt. Der Heilige wird auch um Hilfe bei Kopfschmerzen, Geisteskrankheiten, seelischen Schmerzen und für eine glückliche Entbindung angerufen. Er wird als Mönch oder Abt mit Stab, Buch, Fesseln, Ketten oder Vieh dargestellt.

> Die Kirche geht.
> Wer geht, hat Mühe und Freude.
> *(Dr. Edmond Farhat,*
> *Apostol. Nuntius in Österreich)*

Der letzte Pfarrer von Seewiesen war der halbseitig gelähmte Prof. Franz Jehle, der nicht nur wegen seines Buches „Reich der Himmel" (ein Werk über die Kirche mit dem er sich habilitieren wollte – eine Kinderlähmung verhinderte damals eine kirchliche Karriere) weit über die Grenzen von Seewiesen hinaus bekannt war.
Seewiesen hat aber nicht nur eine sehenswerte Kirche, es ist auch ein wunderbares Erholungsgebiet mit guter Gastronomie und Ausgangspunkt vieler Wanderungen ins Hochschwabmassiv.

Anreise
Die Schnellstraße S 6 bei der Ausfahrt Mitterdorf im Mürztal verlassen, Richtung Veitsch über den Pretalsattel und Turnau nach Seewiesen fahren.

Pfarrkirche zum hl. Petrus in Aflenz

Am Fuß des Hochschwabmassivs liegt der Ort Aflenz, dessen Peterskirche die Mutterpfarre sämtlicher Kirchen der Region ist. Sie ist eine wichtige Durchgangsstation für viele Wallfahrer am Weg nach Mariazell und hat auch für die Gründung des größten österreichischen Marienwallfahrtsortes eine besondere Bedeutung.

Schon 1066 wird in Aflenz eine Kirche urkundlich erwähnt, 1103 fallen der Ort und damit auch die Pfarre durch eine Schenkung des Herzogs Heinrich III. von Kärnten an das Benediktinerstift St. Lambrecht.

Zum Ende des 15. Jahrhunderts wird die bereits bestehende romanische Kirche durch ortsansässige Meister um- bzw. neu gebaut. Sie erhält einen Chor mit Kreuzrippengewölben, das Langhaus zeigt sich heute als typisch spätgotisches Bauwerk. Sehenswert sind die Reliefs der 12 Apostel unter den Gewölbeansätzen. Ein kunsthistorisch besonders wertvolles Ausstattungsstück ist das romanische Kruzifix aus Holz, das aus dem 12. Jahrhundert stammt. Der barocke Hochaltar besitzt ein Bild von Josef Adam Mölck (1774) mit der Darstellung der Schlüsselübergabe an Petrus.

In der Nähe der Peterskirche sind das Probsteigebäude, in dessen Räumen heute das Heimatmuseum untergebracht ist und die Kalvarienbergkapelle, das „Tutschacherkreuz", sehenswert, bei der sich viele Mariazell-Wallfahrer treffen.

Pfarrkirche zum hl. Petrus in Aflenz

Anreise

Die Schnellstraße S 6 bei der Ausfahrt Kapfenberg verlassen und in die B 20 Richtung Mariazell einbiegen. Auf halbem Weg zwischen Kapfenberg und dem steirischen Seeberg ist Aflenz, in dessen Ortsmitte die Kirche steht.

Loret(t)o-Kapelle in Oberkapfenberg

An der höchsten Stelle des Burgberges von Kapfenberg steht die 1676 erbaute Loret(t)o-Kapelle[x)]. Sie ist an jener Stelle erbaut worden, wo sich die erste, 1173 urkundlich genannte Burg erhoben hat. Rund um die Kapelle sind auch heute noch Umfassungsmauern der einstigen Burg zu erkennen. Die Inneneinrichtung und der Altar der Loret(t)o-Kapelle stammen aus dem späten 18. Jahrhundert. Die Bemalung der Innenwände täuscht eine Ziegelbauweise vor, so wie sie das ursprüngliche Geburtshaus Mariens aufweist. Dieses ist der Legende nach im Jahr 1291 von Engeln von Nazaret nach Loreto (in der Nähe von Ancona) in Italien getragen worden, um es vor den islamischen Eroberern in Sicherheit zu bringen. Im Gefolge der Verehrung Mariens ist dieses Haus häufig nachgebaut worden.

Loret(t)okapelle in Oberkapfenberg

Das Kapfenberger Gnadenbild der Maria Loret(t)o ist wie das Original eine schwarze Madonna und hat sich zu allen Zeiten einer lebhaften Verehrung durch die Bevölkerung erfreut. Zu den Marienfesttagen sind die Gläubigen in Prozessionen nach Maria Loret(t)o gekommen, um sie um Hilfe und Fürbitte anzuflehen. Zahlreiche Votivbilder zeugen von der Wundertätigkeit der Lauretaner Madonnenstatue, die sich bis heute eines regen Zuspruchs erfreut. Die idyllisch gelegene Kapelle wird auch gerne als Hochzeitskapelle genützt.

Votivbild in der Loret(t)okapelle, links oben Darstellung der Schwarzen Madonna (Gnadenbild)

Anreise

Die Schnellstraße S 6 bei der Ausfahrt Kapfenberg verlassen, Richtung Zentrum fahren und ab dort der Beschilderung zur Burg bzw. zur Loret(t)okapelle folgen.

---

x) In den verschiedenen Quellen, die uns zur Verfügung standen, finden sich unterschiedliche Schreibweisen: Einmal Lore**t**o- und einmal Lore**tt**o-Kapelle. Wir verwenden daher hie jene Schreibweise, die wir in der Kapelle auf Schriftstücken und auf Tafeln gelesen haben: Loret(t)o-Kapelle.

Pfarr- und Wallfahrtskirche Mariä Schmerzen in Frauenberg-Maria Rehkogel

Östlich von Bruck an der Mur liegt in über 940 m Seehöhe die Wallfahrtskirche Maria Rehkogel auf dem Frauenberg. Seit vielen Jahrhunderten kommen Wallfahrer zu dem alten Kulturjuwel, das nicht nur auf Grund seiner bemerkenswerten Inneneinrichtung, sondern auch wegen der weit in die Obersteiermark hinein reichenden Aussicht Menschen aus nah und fern anzieht.

Die Geschichte der Wallfahrt nach Frauenberg-Maria Rehkogel beginnt mit einer Legende:

Drei Bauern fanden neben einem äsenden Rehbock eine Marienstatue und wollten dort eine neue Kirche bauen. Die Statue wurde jedoch vom Pfarrer mehrere Male in die zuständige Kirche zurück gebracht und ist immer wieder an ihrem ursprünglichen Fundort aufgetaucht. Daher errichtete man dort im Jahr 1354 zuerst eine Kapelle und über ein Jahrhundert später (1489) eine Kirche im spätgotischen Baustil.

Nachdem die Wallfahrt im 18. Jahrhundert stetig zugenommen hatte, wurde das Gotteshaus erweitert und das Innere im Zuge der Errichtung des Chors barock ausgestattet. Es verfügt nunmehr über einige künstlerisch hochwertige Einrichtungsgegenstände: Im Zentrum des klassizistischen Säulenaufbaues des Hochaltars, vom berühmten Bildhauer Veit Königer konzipiert, befindet sich das hölzerne Gnadenbild aus dem 14. Jahrhundert, auf dem die Gründungslegende der heiligen Stätte dargestellt ist. Zu diesem Gnadenbild kommen seit jeher die Wallfahrer, die sich Hilfe und Fürbitte für Ihre Anliegen erwarten. Eine Reihe von Votivbildern beweist deren Dankbarkeit nach erwiesener Hilfe.

Pietà mit Reh in Frauenberg/Maria Rehkogel

Eine Besonderheit im Kircheninneren ist die Säulenmadonna aus dem späten 17. Jahrhundert. Zwei weitere Altäre sind der Beweinung Christi und den 14 Nothelfern gewidmet. Die Anton-Römer-Orgel aus dem späten 18. Jahrhundert zählt zu den wertvollsten ihrer Art in Europa.

Pfarr- und Wallfahrtskirche Mariä Schmerzen in Frauenberg/Maria Rehkogel

Andachtsbildchen
Frauenberg/Maria Rehkogel
Druck/Papier (Samml. H. Burkhard, Graz)

Ein spiritueller Weg mit sieben Andachtsstationen führt vom Mürztal hinauf auf den Frauenberg. Die liliengeschmückten Stelen (Stele: Inschriftstein) zeigen die restliche Entfernung zur Wallfahrtskirche an und laden zum Gebet und zur inneren Einkehr ein.
Seit einigen Jahren kommen nicht nur Pilger nach Frauenberg-Maria Rehkogel, sondern auch Wanderer, Radfahrer und Reiter, die zusätzlich die unberührte und intakte Natur des Frauenberges als Quelle der Erholung entdeckt haben.
Aus dem Einklang von Glaubenserlebnis und Naturerfahrung schöpfen viele Menschen wieder Kraft für den Alltag.

Die Ur-Quelle: Gott

Aus verschiedenen Quellen
schöpfen wir Menschen,
stillen den Durst,
suchen Heilung und Heil.
Die Maria Bründl Quelle spendet
auch in den trockensten Jahren
reichlich Wasser.
Sie kommt tief aus dem
Mutterschoß der Erde.
Die ergiebigste und beständigste
Quelle bist du,
der ewige Gott,
das unendliche Meer,
die Quelle alles Seins,
das Meer, dem alles zuströmt.

Votivbild mit Gnadenmutter

Anreise

Die Schnellstraße S 6 auf der Abfahrt St. Marein im Mürztal verlassen und der Beschilderung nach Frauenberg folgen. Nach einigen Kilometern der steilen Auffahrt erreicht man die Wallfahrtskirche Maria Rehkogel.

Maria bis zuletzt

In des Lebens letzten Stunden,
o Maria, bleib bei mir:
Wo ich Zuflucht stets gefunden
halt mich, Mutter fest bei dir!

Wenn die Augen mir verblassen,
wenn das Herz zur Ruhe geht,
wenn die Menschen mich verlassen,
nur der Tod am Lager steht:
In des Lebens letztem Streite,
Mutter, hilf, verlass mich nicht,
gib barmherzig mir Geleite,
sei mein Anwalt im Gericht!

Wenn ich büße in den Flammen,
wenn ich warte vor dem Tor:
mit den Engeln dann zusammen
fleh für mich zu Gott empor.

Bitt bei deinem lieben Sohne,
seine Mutter hört er gern,
reich die Hände mir vom Throne,
Mutter, führe mich zum Herrn!
Amen.

Lieblingsgebet von Pfarrer i.R. Josef Rainer, der unter anderem 29 Jahre Wallfahrtspriester in Frauenberg-Maria Rehkogel war.

Hintergrundbild: Säulenmadonna (17. Jhdt.) in Frauenberg/Maria Rehkogel

Wallfahrtskirche zur Hl. Maria (Frauenkirche) in Pernegg an der Mur

Wallfahrtskirche zur Hl. Maria (Frauenkirche) in Pernegg a.d. Mur

In der Nähe des Schlosses Pernegg befindet sich die alte Wallfahrtskirche, deren Geschichte bis ins 15. Jahrhundert zurückreicht. Im Jahr 1439 wurde zunächst eine Frauenkapelle errichtet, die schon kurze Zeit später zu ihrer heutigen Größe ausgebaut und „Frauenkirche" genannt wurde. Im Jahr 1461 war die stattliche Hallenkirche fertig.

Das Innere der Frauenkirche wurde später von Josef Hueber (?) und Josef Adam Mölck, dem Hofmaler Maria Theresias, barockisiert. Davon zeugen die monumentalen Säulen, der prächtige Hochaltar und die Wandmalereien.

Im 18. Jahrhundert wurde an der mächtigen Westfassade ein schmaler fünfgeschossiger Turm mit Keildach angebaut. Dieser begrüßt die herankommenden Pilger schon von weitem, spätestens, wenn man die beiden Nischenkapellen am Beginn der Allee vor der Kirche passiert hat.

Das Gnadenbild, die berühmte „Pernegger Madonna" mit Kind aus dem Jahr 1510/1520 ist am Hochaltar und wird von der „Heiligen Sippe" umgeben. Das Bild wurde durch Anfügen von barokken Gewandteilen in die für Gnadenbilder übliche Dreieckform gebracht und ist seit Jahrhunderten das Ziel vieler Wallfahrer, die ihre Fürbitten der „Perneggerin" nahe bringen.

Pernegger Gnadenbild

Anreise

Die Schnellstraße S 35 von Bruck an der Mur kommend bei der Ausfahrt Kirchdorf/Pernegg verlassen, links in Richtung Pernegg abbiegen und dem (neuen) Straßenverlauf folgen, bis man die Wallfahrtskirche vor sich hat.

Pfarr- und Wallfahrtskirche zum hl. Erhard und Wallfahrtskapelle Mariahilf-Schüsserlbrunn (Heiliges Bründl) in Breitenau am Hochlantsch

Das Breitenautal ist ein enges Tal, das von hohen Bergen umgeben ist. Die Region ist ein altes Bergbaugebiet, in dem früher Gold, Silber, Arsenik und Eisen abgebaut wurden, jetzt ist es Magnesit, der in der Breitenau fast aus-

Gleich dem Wasser
fließt die Zeit
hin in das Meer der
Ewigkeit –
kein Tropfen Wasser
kommt zurück,
zurück kommt auch
kein Augenblick.

(Aus St. Anton am Arlberg)

schließlich unter Tag gewonnen wird. Ein besonderes Ziel für Wallfahrer war seit jeher die Erhardkirche in Breitenau.

Etwa um 1200 entstand dort eine romanische Saalkirche, die bis zum Ende des 14. Jahrhunderts zur Kirche in der heutigen Form mit Elementen der Früh- und Hochgotik ausgebaut wurde. Sie wurde im Barock noch durch mehrere Anbauten ergänzt, was ihr im Wesentlichen das heutige Erscheinungsbild gebracht hat.

Im Kircheninneren sind die in der Wiener Herzogswerkstatt gemalten Glasfenster von einer beeindruckenden Schönheit, sie stellen die Passion Christi und Szenen aus dem Leben Mariens, sowie Apostel, Heilige und die Stifterfamilie des Herzogs Albrecht III. dar.

Der hl. Erhard (17. Jhdt.)

Wallfahrtsziel ist die in der 1. Hälfte des 18. Jahrhunderts entstandene Statue des hl. Erhard. Sie steht im Chor und ist vom bekannten Künstler Anton Carlon geschaffen worden. Anziehungspunkt für die Wallfahrer ist auch die auf der Rückseite der Kirche gelegene Grotte mit der dort entspringenden Quelle, das Erhardibründl. Es erinnert daran, dass der hl. Erhard, Bischof von Regensburg und Patron der Schmiede, Bäcker und Schuhmacher, bei Augenleiden, Pest und Viehkrankheiten angerufen wird, da er auf Grund einer Legende Blinde wieder sehend machen konnte. Die gestifteten Votivgaben zeigen, dass hier Fürbitten für Mensch und Tier gleichermaßen erhört worden sind.

Zur Pfarrgemeinde Breitenau gehört auch die auf 1.363 m Höhe gelegene hölzerne **Wallfahrtskapelle Mariahilf in Schüsserlbrunn** mit einem heiligen Bründl. Sie ist nur zu Fuß erreichbar. Die Legende erzählt von einer ungarischen Gräfin, die mit ihrem blind geborenen Kind kam und ihm die Augen mit dem Quellwasser benetzte, worauf es wieder sehen konnte.

Die alte Kapelle wurde 1951 durch einen Felssturz schwer beschädigt, die neue steht wenige Meter vom alten Standort entfernt. Das Wasser des Bründls schmeckt wunderbar kühl und belebend und wird auch heute noch von Menschen mit Augenleiden aufgesucht, die sich damit die Augen benetzen und Heilung erhoffen.

Wallfahrtskapelle Schüsserlbrunn

Heilige Quelle von Schüsserlbrunn

Anreise

Die Schnellstraße S 35 von Bruck an der Mur kommend bei der Ausfahrt Traföss verlassen, Richtung St. Jakob und dann weiter nach St. Erhard fahren. Knapp vor St. Jakob ist eine beschilderte Abzweigung nach Schüsserlbrunn. Man kann noch ein kurzes Stück auf einer schmalen, sehr kurvenreichen Straße fahren, den Rest des Weges muss man zu Fuß zurücklegen.

Gedanken über die Seligpreisungen

von K. Wallner[x])

„Selig, die um der Gerechtigkeit willen verfolgt werden, denn ihnen gehört das Himmelreich" (Mt 5, 10).

Jesus spricht in der Bergpredigt nicht von der Zukunft. Er vertröstet nicht, sondern spricht in der Gegenwart: „Selig seid ihr, die ihr um der Gerechtigkeit willen verfolgt werdet!" Er meint nicht irgendwelche Menschen, sondern er meint die Jünger damals und uns heute. Deshalb spricht er uns in der letzten der acht Seligpreisungen direkt an: „Selig seid ihr, wenn ihr um meinetwillen beschimpft, verfolgt und auf alle mögliche Weise verleumdet werdet. Freut euch und jubelt: Euer Lohn im Himmel wird groß sein. Denn so wurden schon vor euch die Propheten verfolgt" (Mt 5, 11).

Die Seligpreisungen schließen also total radikal: Jesus knallt uns, die wir auf unserem Egotrip immer nur an uns denken, mehr als provokante Forderungen an den Kopf. Und dann am Ende hören wir, dass unser Lohn bloß darin bestehen wird, dass wir verfolgt, beschimpft und verleumdet werden.

Da möchte man so reagieren, wie die hl. Theresia von Avila, die während der Reform ihres Ordens im 16. Jahrhundert von allen Seiten angefeindet und denunziert wurde, sodass sie völlig fertig war, regelrecht verzweifelt! In dieser Situation soll Jesus der am Boden zerstörten Ordensfrau erschienen sein und ihr gesagt haben: „Deine Leiden sind Zeichen meiner Liebe, so ergeht es allen meinen Freunden." Und Theresia soll prompt geantwortet haben: „Siehst du Herr, darum hast du so wenige!" Dass die Freunde Jesu leiden müssen und verfolgt werden, gehört tatsächlich zum Programm des Evangeliums. „Wenn sie mich verfolgt haben, werden sie auch euch verfolgen" (Jo 15, 20). Darin liegt ein dunkles Geheimnis, das Geheimnis des Bösen, die Macht Satans. Jesus hat nie etwas Böses getan, er hat nur Kranke geheilt, den Frieden gelehrt und die Liebe verkündet – und sein Lohn war, dass die Leute wütend geschrieen haben: „Kreuzige ihn!" Auch an den Christen sieht man dieselbe satanische Unlogik: Wir bemühen uns, ehrenhaft zu leben; zu lieben; wir setzen uns ein für eine bessere Welt. Wie viele Christen leben total selbstlos! Aber geliebt und gelobt werden sie nicht dafür. Im Gegenteil: Es ist cool, die Kirche zu verspotten und giftig in den Dreck zu ziehen. Und wo immer in dieser Welt ein totalitäres Regime an die Macht kommt, ist immer das erste die Verfolgung

---

[x)] Dieser Beitrag stammt aus „Junge Menschen auf dem Weg zu Christus" von **Prof. P. Dr. Karl Wallner OCist**, Rektor der Ordenshochschule Benedikt XVI. in Heiligenkreuz im Wienerwald. (ISBN 3-902336-94-3)

und Unterdrückung der Christen. Wenn du Christ sein willst, musst du wissen, worauf du dich einlässt: Das Gute ist automatisch eine Provokation für das Böse. Deine Hingabe und Liebe werden abgrundtiefe Aggressionen hervorrufen. Völlig grundlos. Unverständlich – und warum? Weil überall dort, wo die Seligpreisungen gelebt werden, der „Herrscher der Welt" (Jo 12, 31; 14, 30; 16, 11), das ist der Satan, entmachtet wird. Wo du die Botschaft Jesu annimmst, da stürzt er „wie ein Blitz vom Himmel" (Lk 10, 18) und etwas Neues beginnt auf Erden: Die Herrschaft Gottes, das Himmelreich. Durch dich. Und dagegen wehrt er sich. Wenn man dem hl. Padre Pio von einem Projekt für die Kirche erzählt hat, hat er immer gefragt: „Hat sich der Teufel schon gerührt?" Und wenn man „ja" sagen musste, dann hat er freudig geantwortet: „Dann ist es gut, dann ist es etwas wert vor Gott!"
Das also sind die Eintrittsbedingungen für den Himmel, die Jesus uns in der Bergpredigt aufzählt. Beim Kraftsport gilt das Motto: „No pain, no gain." Ohne Schmerzen gibt es keinen Zuwachs an Kraft und Muskeln. Christsein kann anstrengend sein. Was nichts kostet, ist nichts wert. Wenn du Widerstände spürst, Versuchungen und Anfeindungen, dann nimm dies als gutes Zeichen. Jesus sagt: „Freut euch und jubelt!"
Dann bist du auf dem richtigen Weg und der Lohn wird unvorstellbar schön sein (vgl.: 1 Kor 2, 9).

Maria ist die Morgenröth,
die Strahlen ihre Gnad.
Auf grüner Weid' holdselig steht
eine Zufluchtstadt zwischen Baum
und schöner Wiesenzierd'.
Gott hat zu jederzeit
ein' schönen Wohnsitz aufgeführt,
von Hartberg nicht gar weit.

Strophe des Maria Lebinger Wallfahrtsliedes
aus dem Jahr 1843

Pfarrkirche Mariä Himmelfahrt in Spital am Semmering

Die erste Kirche von Spital am Semmering wurde 1160 erbaut und 1163 geweiht. Sie war ursprünglich als Hospitalkirche angelegt worden, die den Pilgern und Reisenden über den Semmering Schutz und Versorgung bot. Von dieser ersten Kirche ist heute nahezu nichts mehr vorhanden. Sie wurde zwar im Laufe der Jahrhunderte mehrere Male umgebaut und renoviert, im Türkensturm von 1529 ist sie jedoch durch einen Brand weitgehend zerstört worden. 1682/88 musste sie vollkommen neu aufgebaut werden.

Heute prägen drei Baustile, Romanik sowie Früh- und Spätgotik das Erscheinungsbild der Kirche, zählt man den barocken Hochaltar noch hinzu, so sind es sogar vier.
Die Wallfahrtsaktivitäten in Spital beginnen irgendwann legendenhaft im Dunkel der Geschichte. Es wird erzählt, dass plündernde Räuberhorden eine Marienstatue aus der Kirche in St. Marein im Mürztal mitgenommen und unterwegs oberhalb von Spital verloren hätten. Viehhirten bemerkten eines Tages, dass sich ihre Tiere um eine Stelle zusammendrängten und sogar auf

Pfarrkirche Mariä Himmelfahrt in Spital am Semmering

die Knie fielen. Sie fanden dort die Marienstatue neben einer Quelle. Von da an galt das Wasser der Quelle als heilsam.
Die Marienstatue wurde in die Kirche gebracht, in der sie den Brand von 1529 nahezu unversehrt überstanden hat. Später wurde sie in der zwischenzeitlich neu erbauten Brunnenkapelle aufgestellt, wo sie das Ziel vieler Wallfahrer wurde. Bald kamen Pilger aus der Umgebung, aber auch aus Böhmen, Mähren, Ungarn und Italien nach „Maria Brunn" in Spital am Semmering.
Kranke wuschen sich mit dem Wasser und benetzten sich die Augen. Auch eine Pestepidemie haben die Bewohner von Spital heil überstanden, was ebenfalls auf die wundertätige Wirkung der Gnadenstatue und des heilsamen Wassers zurückgeführt wurde. Sogar Brände sollen mit dem Wasser schneller gelöscht worden sein. Das Mirakelbuch meldet dazu unzählige Gebetserhörungen.
1786 übertrug man die Gnadenstatue wieder in die Kirche, das Quellwasser versorgte noch bis ins 20. Jahrhundert die Ortswasserleitung und den Pfarrhof. Nunmehr ist der Ursprung der Quelle unter der jetzigen Volksschule.

Noch heute ist Spital Ziel von vielen Menschen, die über den Semmering wollen oder in dem Ort Ruhe suchen, die sie auf den hektischen Wegen der stark frequentierten nahen Nord-Süd-Verbindung nicht finden. Auch touristisch bietet der Ort einiges, vor allem die Wintersportregion Semmering und die Nähe zu Peter Roseggers Waldheimat locken jedes Jahr viele Besucher an.

Anreise

Die Schnellstraße S 6 bei der Ausfahrt Spital am Semmering verlassen und in den Ort fahren, wo die große Kirche schon von weitem sichtbar ist.

Wir sprechen alle gemeinsam im Gebet des Herrn:
„Vater unser".
So spricht der Kaiser, so der Bettler, so der Knecht,
so der Herr.
Sie sind alle Brüder, weil sie einen Vater haben.
(hl. Augustinus)

Wallfahrtskapelle zur Hl. Maria am Gölkberg in Krieglach

Oberhalb des Friedhofs von Krieglach steht am Fuße des Gölk genannten Berges das kleine Marienheiligtum, die Gölkkapelle. Wie bei vielen Wallfahrtsstätten liegt die Entstehungsgeschichte im legendenhaften Dunkel. An der Stelle, wo sich heute die Kapelle befindet, soll anfangs nur ein einfaches Holzkreuz, ähnlich einem Marterl, aufgestellt gewesen sein, das Gölkerkreuz. Neben dem Gekreuzigten war auch ein Bild der Schmerzhaften Muttergottes angebracht. Zur Zeit der Franzosenkriege (1806) wurde an der Stelle des Kreuzes eine kleine Kapelle gebaut, die bis 1869 bestand. Aus einer Urkunde geht hervor, dass das Gnadenbild, ein französischer Kupferstich, ungefähr 1740 hierher gekommen war.
1870 wurde die Kapelle nach einem großzügigen Erbe erneut umgebaut, 1871 fand die Weihe statt.

Der große steirische Dichter Peter Rosegger beschreibt die damalige Kapelle sehr genau („Waldkirchlein"). Er berichtet auch von den vielen Votivtafeln, die in kindlicher Dankbarkeit die Wände bedeckten: *„Uns ist ein todkrankes Kind genesen durch die Fürbitte Maria-Gölk".*
„Uns ist bei einer Feuersbrunst Hab und Gut gerettet worden".
„Unsere Mutter ist von einem viele Jahre langen Siechtum geheilt worden dank der Fürbitte der Mutter Maria am Gölk".
1842 wurde wegen des großen Andranges zur kleinen Kapelle um Bewilligung zur Feier der hl. Messe angesucht, die schließlich für vier große Marienfeiertage im Jahr gewährt wurde.
Im Jahre 1882 starb die Frau

Wallfahrtskapelle zur Hl. Maria am Gölkberg in Krieglach, Abendstimmung

des bisherigen Förderers der Kapelle, Viktor Felix Seßler Freiherr von Herzingen – er hatte seinerzeit die Kosten für den Altar übernommen. Seinem Ersuchen um die Errichtung einer Gruft unter der Kapelle wurde stattgegeben. Bei dieser Gelegenheit wurde die Kapelle wieder erweitert. Es wurde ein Presbyterium, ein Oratorium, eine Sakristei und ein Turm angebaut. Durch einen Grundzukauf war es möglich, die Umgebung der Kapelle einzuebnen und auszugestalten.

Auch heute noch steht der Gnadenort bei der Bevölkerung hoch in Ehren und ist aus dem religiösen Leben der Gemeinde Krieglach und der umliegenden Region nicht wegzudenken. So findet z.B. an jedem 13. in den Sommermonaten eine Prozession von der Krieglacher Pfarrkirche zur Gölkkapelle statt.

Anreise

Die Schnellstraße S 36 bei der Ausfahrt Mitterdorf/Krieglach-West verlassen und auf der B 116 Richtung Krieglach fahren. In Krieglach zum Friedhof abbiegen, an diesem vorbei fahren, nach kurzer Strecke erreicht man die Gölkkapelle.

Peter Rosegger (1843-1918)

Krieglachs größter Sohn ist zweifelsohne der steirische Heimatdichter Peter Rosegger. In mehr als 1220 m Seehöhe steht auf dem Alpl sein Geburtshaus „Der untere Kluppenegger", wo Rosegger 1843 geboren wurde.

Aus ärmsten Verhältnissen stammend, entwickelte sich der gelernte Schneider zum weithin verehrten Dichter. Seine Heimatverbundenheit, seine Menschenliebe und tiefe Religiosität waren die Quellen, aus denen er schöpfte. Seine Werke haben die damalige Welt der Bergbauern und ihr hartes Leben ebenso eingefangen, wie auch die Schönheit seiner unmittelbaren Heimat, die waldreiche Gegend des oberen Mürztales.

Der Dichter starb hoch geachtet im Jahr 1918 in Krieglach, sein Sterbehaus ist als kleines Museum gestaltet worden, das 2005 renoviert wurde und nun in neuem Glanz erstrahlt. Im Rosegger-Park in Krieglach befindet sich sein Denkmal, das ihn als kleinen Waldbauernbuben beim Schafe hüten zeigt. Seine letzte Ruhestätte fand er auf dem Krieglacher Friedhof in der Nähe „seiner" Wallfahrtskirche Maria am Gölk.

Pfarr- und Wallfahrtskirche Mariä Heimsuchung mit Gnadenbrunnen (Heiliges Bründl) in Heilbrunn/Naintsch

Die Geschichte der Wallfahrtsstätte in Heilbrunn ist auch eine Geschichte der Quelle, die zumindest fast 400 Jahre alt ist. Wahrscheinlich ist hier ein Quellkult jedoch schon viel früher gewesen.

Die Legende erzählt von einem blinden Holländer, der Anfang des 17. Jahrhunderts träumte, er müsse sich in die raue Gegend der Oststeiermark begeben, wo eine Marienstatue bei einem Brunnen steht. Bei diesem Brunnen würde er seine Sehkraft wieder erlangen. Nachdem er den Traum ein zweites Mal hatte, machte sich der Holländer auf den Weg. Tatsächlich wurde er wieder sehend, nachdem er sich in Heilbrunn die Augen mit dem Wasser ausgewaschen hatte. Bald darauf geschah ein zweites Wunder, diesmal betraf es eine steirische Adelsfamilie. Nach dieser neuerlichen Heilung wurde 1672 eine erste Kapelle neben dem Brunnen errichtet.

Pfarr- und Wallfahrtskirche Mariä Heimsuchung in Heilbrunn/Naintsch

1787 wurde an Stelle der Kapelle die Kirche erbaut, deren Hochaltar mit dem Säulenaufbau aus dem Jahr 1833 stammt. In der Mitte des Hochaltars stehen die Gnadenstatue der Gottesmutter, daneben Joachim und Anna, die noch vom alten Altar übernommen und damals vom bekannten Bildhauer Veit Königer geschaffen wurden.

Das Wasser des Gnadenbrunnens zieht heute etwa

30.000 Wallfahrer jährlich an, Heilbrunn wird deshalb auch das „steirische Lourdes" genannt. Zwar gilt es als Augenbründl, es war jedoch auch bei anderen Erkrankungen hilfreich. So etwa sind Heilungen nach Knochenbrüchen, anderen Verletzungen, Infektionen und schweren Geburten im Mirakelbuch aufgezeichnet.

Gnadenbrunnen in Heilbrunn/Naintsch

Ein Quellheiligtum auf halbem Weg von Heilbrunn/Naintsch nach Wenigzell sollte man unbedingt besuchen: Den **Heilbrunnen im Waisenegg.** Die Legende berichtet von einem Bauern, dessen Kind so krank war, dass ihm kein Arzt mehr helfen konnte. Als das Kind vom Quellwasser getrunken hatte, wurde es schnell wieder gesund. Aus Dankbarkeit stiftete der Vater ein Kreuz, nach einer späteren Legende von einem stets wiederkehrenden Kreuz wurde ein Bildstock aufgestellt.
Noch heute kommen Gläubige und benetzen sich Gesicht und Augen mit dem heilsamen Wasser, andere nehmen es mit, da es reichlich vorhanden ist und überdies vorzüglich schmeckt.

Ein anderes Bründl ist auch in der Nähe und leicht zu erreichen: Am Weg von Heilbrunn/Naintsch nach Weiz fährt man durch die Weizklamm und kommt bei Hohenau an der Raab vorbei, das mit einem sehr interessanten Bründl aufwarten kann: **Klein-Heilbrunn.**
Die Entstehungslegende aus dem Jahr 1640 berichtet von einem Bauern, der bei einem schlimmen Unfall nahezu unverletzt geblieben ist. Aus Dankbarkeit stellte er ein Marienbildnis auf, das eines Tages verschwunden und auf wundersame Weise bei einer Quelle wieder aufgetaucht ist. Später wurde dort eine Kapelle errichtet (1672), die 1824 erneuert wurde. Das Wasser entspringt unter dem Altar und ist an der Außenwand der Kapelle gefasst. Noch heute gibt es Wallfahrten nach Klein-Heilbrunn. Votivgaben auch aus jüngster Zeit belegen, dass es eine Reihe von aktuellen Gebetserhörungen gibt.

Anreise
Die Autobahn A 2 bei der Ausfahrt Gleisdorf-Süd verlassen und auf der B 64 Richtung Weiz weiterfahren. In Weiz auf die B 72 Richtung Birkfeld abbiegen. Nach dem Ort Anger zweigt man Richtung Heilbrunn ab und erreicht nach einigen Kilometern den Gnadenort.

Das Gleichnis vom barmherzigen Samariter

Da stand ein Gesetzeslehrer auf, und um Jesus auf die Probe zu stellen, fragte er ihn: Meister, was muss ich tun, um das ewige Leben zu gewinnen? Jesus sagte zu ihm: Was steht im Gesetz? Was liest du dort? Er antwortete: Du sollst den Herrn, deinen Gott, lieben mit ganzem Herzen und ganzer Seele, mit all deiner Kraft und all deinen Gedanken, und: Deinen Nächsten sollst du lieben wie dich selbst. Jesus sagte zu ihm: Du hast richtig geantwortet. Handle danach, und du wirst leben. Der Gesetzeslehrer wollte seine Frage rechtfertigen und sagte zu Jesus: Und wer ist mein Nächster?

Darauf antwortete ihm Jesus: Ein Mann ging von Jerusalem nach Jericho hinab und wurde von Räubern überfallen. Sie plünderten ihn aus und schlugen ihn nieder; dann gingen sie weg und ließen ihn halbtot liegen. Zufällig kam ein Priester denselben Weg herab; er sah ihn und ging weiter. Auch ein Levit kam zu der Stelle; er sah ihn und ging weiter. Ein reisender Samariter aber, der in seine Nähe kam, sah ihn und hatte Mitleid mit ihm, er ging zu ihm hin. Er goss Öl und Wein auf seine Wunden und verband sie. Dann hob er ihn auf sein Reittier, brachte ihn zu einer Herberge und sorgte für ihn. Am andern Morgen holte er zwei Denare hervor, gab sie dem Wirt und sagte: Sorge für ihn, und wenn du mehr für ihn brauchst, werde ich es dir bezahlen, wenn ich wiederkomme.

Was meinst du: Wer von diesen dreien hat sich als der Nächste dessen erwiesen, der von den Räubern überfallen wurde? Der Gesetzeslehrer antwortete: Der, der barmherzig an ihm gehandelt hat. Da sagte Jesus zu ihm: Dann geh und handle genauso! (Lk 10, 25-37)

Gott erhört dich vielleicht nicht nach deinem Willen,
aber er erhört dich zu deinem Heil.
(hl. Augustinus)

Pfarr- und Wallfahrtskirche Schmerzhafte Mutter Maria in Weizberg

In prächtiger Höhenlage östlich von Weiz wurde bereits Mitte des 11. Jahrhunderts ein romanisches Gotteshaus errichtet, das im 14. Jahrhundert gotisch umgestaltet wurde. Ein Steinrelief am Stiegenaufgang zeigt die alte Vorgängerkirche. Mitte des 18. Jahrhunderts kam es zum Neubau der spätbarocken Wallfahrtskirche nach den Plänen von Josef Hueber, dem großen Barockbaumeister der Steiermark.
Trotz des begrenzten Raumes schuf Hueber eine beachtliche Kirchenfassade in Verbindung mit der 1731 erbauten doppelarmigen Aufgangsstiege, auf deren Podesten die Heiligen Florian als Feuerpatron und Donatus als Wetterpatron stehen. Überrascht ist man beim Eintritt in die Kirche von der Weite des Innenraumes, die durch die Architektur in Verbindung mit der Freskomalerei erzielt wird.
Den Mittelpunkt des 1771 von Veit Königer geschaffenen Hochaltars bildet die Gnadenstatue der Schmerzhaften Mutter Maria, die von einem Baldachin überdacht wird. Die Pietà stammt aus dem ersten Viertel des 15. Jahrhunderts und ist ein Werk des „Meisters von Neustift". Neben dem Gnadenbild knien Johannes und Maria Magdalena. Sie sind mit der Pietà aus Steinguss geschickt zu einer Gruppe verbunden um den Größenunterschied der kleinen Gnaden-

Pfarr- und Wallfahrtskirche Schmerzhafte Mutter Maria in Weizberg

Gnadenstatue (Pietà) von Weizberg

statue aus der alten Kirche mit den Figuren des neuen Hochaltars auszugleichen. Den Hintergrund bildet das Kreuz mit einem von einem Dornenkranz umgebenen Herz sowie Lanze und Schwamm. Der Legende nach soll das Gnadenbild bereits die Vorgängerkirche vor der Zerstörung durch die Türken beschützt haben, ein plötzlich einfallender Nebel hielt die Türken von ihrem Zerstörungswerk ab. Die Gnadenstatue vom Weizberg galt von da an als wirksame Zufluchtsstätte bei Krieg und Krankheit. Von der Taborkirche im Zentrum von Weiz führt seit einigen Jahren der „Spirituelle Weg" über den Platz der Stille und den Heilkräutergarten zum Lichtkeller am Weizberg. Er wird von vielen Pilgern zum Weizberg als letzte Wegstrecke benützt, da er durch seine Konzeption und Gestaltung zum bewussten Begehen einlädt.

Nach dem Besuch des Heiligtums am Weizberg sollte man nicht versäumen, das **Grubbründl** in der Gemeinde Thannhausen, fast in Sichtweite von Weizberg, aufzusuchen. Das Bründl hat eine 250-jährige Geschichte, nachdem eine Magd im Wald eine Marienerscheinung (1758) hatte. Der Ursprung des Wassers ist unter dem Altar des kleinen Kirchleins, das vor etwa 20 Jahren erneuert wurde, nachdem vorher ein Holzbau dort war. Das Wasser ist eiskalt und schmeckt vorzüglich.

Ein weiteres Bründl in der Weizer Gegend ist das nur wenige Kilometer vom Weizberg entfernte **Maria Heilbrunn** am Kulm bei Puch. Die steirische Apfelstraße von Weiz kommend fährt man bis Puch bei Weiz, das Bründl erreicht man über eine steile Bergstraße. Maria Heilbrunn war seit jeher als Augenbründl bekannt, das von vielen Pilgern, sogar aus Ungarn, aufgesucht wurde. Aufzeichnungen über das heilkräftige Bründl gibt es bis ins 17. Jahrhundert zurück, viele Legenden ranken sich um den heiligen Platz. Außer Maria werden auch die Pestheiligen Sebastian und Rochus verehrt, Jesus in der Kelter stellt den Bezug zum Weinbau der umliegenden Region her.

Anreise

Die Autobahn A 2 bei der Ausfahrt Gleisdorf-West verlassen und zur B 64 Richtung Weiz weiterfahren. In Weiz der Beschilderung zum Weizberg folgen, bald sieht man die Wallfahrtskirche vor sich.

Wallfahrtskirche zum Gegeißelten Heiland in Breitegg

Wallfahrtskirche zum Gegeißelten Heiland in Breitegg

Die Wallfahrtskirche zum Gegeißelten Heiland in Breitegg befindet sich in einer malerischen Höhenlage, wenige Kilometer von Markt St. Ruprecht an der Raab entfernt.
Ein Blick in die Geschichtsbücher führt uns ins Jahr 1775 zurück, als mit dem Bau eines hölzernen Turmes an dem Platz begonnen wurde, wo die jetzige Kirche steht. Es wird weiters berichtet, dass sich eine dort aufgestellte Statue des gegeißelten Heilands als wundertätig erwies, denn es gab viele Heilungen erkrankter Menschen. Zahlreiche Krücken, die in der Pilgerstätte zurückgelassen wurden, bestätigen dies. Um den zahlreichen Pilgergruppen mehr Platz zu bieten, entschloss man sich zuerst, den Turm zu einem Bethaus zu erweitern, schließlich errichtete man in den Jahren 1847-1853 die heutige Wallfahrtskirche.

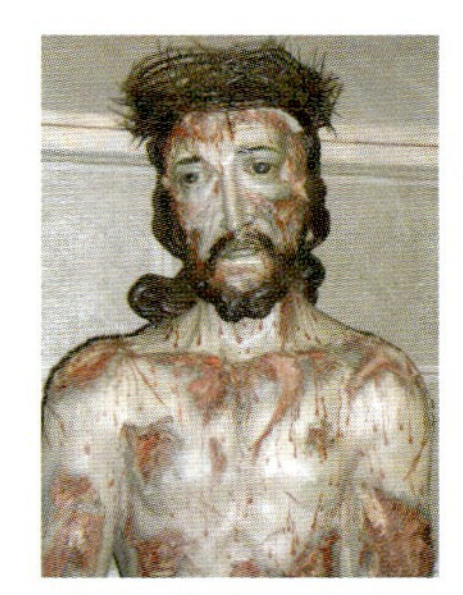

Gegeißelter Heiland (1740), Detail

Die Kirche mit ihrer Vorhalle, einer halbkreisförmigen Apsis und der markanten Doppelturmfassade ist ein Werk des Baumeisters Jakob Gauster aus Dörfl an der Raab. Als Vorbild für die Türme diente die nahe Wallfahrtskirche am Weizberg. Auf dem Hochaltar (1891) steht die um 1740 entstandene Statue des Gegeißelten Heiland von der Wies.
Drei Kreuzwege (früher vier) führen zum Gotteshaus nach Breitegg, wovon jener von St. Ruprecht herauf aus 15 gemauerten Bildstöcken (1844) besteht. In diese wurden Emailtafeln aus der Gold- und Silberwerkstatt der Abtei Seckau nach Entwürfen und unter der Leitung von Dr. Bernhard Schmid OSB angebracht (1972).
Sehenswert ist auch die am Weg nach Weiz liegende Kirche von **St. Ruprecht an der Raab** mit der Friedensgrotte unter dem Aufgang. In dieser steht eine interessante Marienstatue des St. Ruprechter Holzschnitzers Hans Pendl, die von ihm mit einem Medjugorje-Kreuz symbolhaft verbunden wurde.

Anreise

Die Autobahn A 2 bei der Ausfahrt Gleisdorf-Süd verlassen und auf der B 64 Richtung Weiz fahren. Auf halbem Weg kommt man nach Markt St. Ruprecht, kurz danach zweigt eine kleine Straße nach Breitegg ab.

Pfarr- und Wallfahrtskirche zur Schmerzhaften Muttergottes (Maria Hasel) und heiliges Bründl in Pinggau

Schon 1377 wurde die Wallfahrtskirche Maria Hasel als Kirche *„Unßer liben Fraw in der Pinkha"* urkundlich erwähnt. Seit 1696 gibt es Aufzeichnungen über die Brunnenkapelle, in der sich die heilige Quelle mit einer steinernen Pietà befindet.

Die Geschichte der Wallfahrt nach Pinggau ist aber wahrscheinlich viel älter. Die Entstehungslegende erzählt, dass Hirten das Gnadenbild, eine Schmerzhafte Muttergottes-Darstellung unter einem Haselstrauch in den Pinka-Auen gefunden haben. Sie stellten „Maria Hasel" neben einer heilsamen Quelle auf. Bald kamen Pilgerscharen in großer Zahl, weil man meinte, Maria Hasel in Pinggau könne keinem Wallfahrer eine Bitte abschlagen.
Das gotische Gnadenbild in der Kirche zeigt eine Beweinungsgruppe und stammt aus dem beginnenden 16. Jahrhundert, wahrscheinlich aus dem Jahr 1520. Maria mit dem Leichnam Christi wird rechts von Johannes und links von Maria Magdalena flankiert. Zunächst war die Pietà in der Brunnenkapelle aufgestellt, erst später kam sie in die Kirche.
Die heutige Wallfahrtskirche wurde im 18. Jahrhundert unter Einbeziehung der Vorläuferkirche, insbesondere des Chors, neu gebaut. Der Hochaltar entstand 1767 nach Entwürfen von Johann F. Schellauf, das Gnadenbild ist in ihm integriert. Deckenfresken von Johann Cyriak Hackhofer zeigen die Entstehungslegende von Maria Hasel.
Von Interesse sind die Aufzeichnungen über außergewöhnliche Gebetserhörungen nach verschiedenen Krankheiten und Verletzungen. Häufig sind Heilungen von Augenleiden, Schwangerschafts- und Geburtsproblemen, Unfallfolgen und

Frauenbründl in Pinggau

Pfarr- und Wallfahrtskirche zur Schmerzhaften Muttergottes

Pietà als Quellfassung im Frauenbründl in Pinggau

Infektionskrankheiten im Mirakelbuch festgehalten. Noch heute kommen zu den Marienfeiertagen viele Wallfahrergruppen zu Fuß nach Pinggau, vor allem aus der näheren und weiteren Umgebung, aus Niederösterreich und dem Burgenland.

Das Bründlwasser, ein eisenhaltiger Säuerling, wird über ein Rohr aus dem Leib Christi geleitet und von den Pilgern getrunken, manche benetzen sich die Augen damit. Auch Fußwaschungen der Wallfahrer nach den ermüdenden Märschen sind üblich.

Anreise

Die Autobahn A 2 bei der Ausfahrt Friedberg/Pinggau verlassen und auf der B 54 Richtung Pinggau fahren. Der Beschilderung „Maria Hasel" folgen, schon bald sieht man die Wallfahrtskirche im Ort.

Pfarr- und Wallfahrtskirche zur hl. Margaretha in Wenigzell

Wenigzell, ein Kirchweiler auf einem östlichen Ausläufer der Fischbacher Alpen, hatte schon im Jahr 1200 eine Kapelle zur hl. Margaretha. Sie war ursprünglich dem Stift Vorau inkorporiert und wurde bereits Mitte des 13. Jahrhunderts zur eigenständigen Pfarre erhoben. Wallfahrtsaktivitäten nach Wenigzell lassen sich ab dem 17. Jahrhundert nachweisen: Wallfahrer verehrten in Wenigzell den hl. Patrizius, einen bäuerlichen Viehpatron, der auch der irische Nationalheilige ist.

Herr Jesus Christus,
Du bist das Leben, das ich leben möchte.
Du bist das Licht, das ich anzünden möchte.
Du bist die Freude, die ich teilen möchte.
Du bist der Friede, den ich geben möchte.
Du bist alles für mich und ohne Dich kann ich nichts tun.

(Mutter Teresa)

Ursprungslegende existiert in Wenigzell keine (mehr), allerdings muss bemerkt werden, dass gerade in ländlichen Regionen Viehpatrone, wie die Heiligen Patrizius, Leonhard, Oswald und viele andere, besondere Verehrung genießen. Gut überstandene Viehseuchen oder der Schutz vor Unglücksfällen und Wetterkapriolen mögen am Beginn solcher Wallfahrtsaktivitäten gestanden sein.

Am Patrizi-Fest (17. März) des Jahres 1716 sind jedenfalls so viele Menschen nach Wenigzell gekommen, dass *„ein Wallfahrer derdrucket wurde"*. Die Kirche musste vergrößert werden. 1735 hatte Wenigzell eine prunkvolle Rokokokirche mit reichen Stuckverzierungen und wertvollem Freskenschmuck.

In den letzten Tagen des 2. Weltkrieges wurden der Ort und die Kirche ein Opfer der Kriegshandlungen, die Kirche wurde schwer beschädigt und brannte aus. Viele Kunstschätze fielen dem Zerstörungswerk

Marienstatue in der Kirche von Wenigzell

Pfarr- und Wallfahrtskirche zur hl. Margaretha in Wenigzell

zum Opfer. 1946 konnte die Kirche wieder hergestellt und in den darauf folgenden Jahren die Innenausstattung in alten Formen rekonstruiert werden. Nach den letzten Restaurierungen erstrahlt die Margarethenkirche von Wenigzell wieder in altem Glanz.
Die Wallfahrt zum hl. Patrizius (17. März) erfreut sich bis heute ungebrochener Beliebtheit, auch das Kirchweihfest der hl. Margaretha (20. Juli) wird jedes Jahr groß gefeiert.

Stift Vorau

Anreise
Die Autobahn A 2 in Friedberg/Pinggau verlassen, auf der B 54 Richtung Graz weiterfahren. Bei Rohrbach an der Lafnitz Richtung Vorau fahren, dann nach Wenigzell abbiegen.

Der Herr ist der Halt meines Lebens.
(Ps 53, 6 b)

Eines Tages werden wir aufwachen und wissen

Eines Tages werden wir aufwachen und wissen,
dass wir zuwenig getan haben oder das Falsche.
Wir werden uns sagen, dass wir mehr hätten tun sollen.
Aber was? werden wir fragen – und wann hätten wir es tun sollen?
Hatten wir jemals Zeit, uns zu entscheiden?
Und dann werden wir wissen, dass über uns entschieden wurde.
Von Anfang an, weil wir es so wollten.
Keine Ausrede mehr, die Zeit ist vertan.
Keine Beschönigung mehr: auf unseren Händen liegt Asche.
Bei jedem Schritt stäubt sie auf. Asche. Asche.
Wir werden uns dann eines Glanzes erinnern,
der uns blendete vor vielen Jahren, dass wir erschauderten.
Eines Windhauches werden wir dann gedenken, der uns traf,
uns aufriss und dann zerfloss.
Wir werden dann fragen: Wann war das?
Wann der Blitz des Lichtes?
Der Windhauch: wann?
Wir werden uns erinnern, dass da etwas war voller Verheißung.
Aber kaum noch sagen können, was es war und
dass es Aussichten gab für uns.
Pfade, für uns allein gemacht –
Nur: dass da etwas war, dem wir nicht folgten –
Und hinzufügen, dass wir keine Zeit hatten, leider –
Weil wir die Zeit vergeudeten in kleiner, abgegriffener Münze.
Und von dem Aufblitzen des Lichtes und dem
Windhauch blieb nichts.
Nur Asche.

(Walter Bauer)

Wallfahrtskapelle und Quelle „Heiliger Brunn" in Rohrbach an der Lafnitz-Schlag

In den Ausläufern des Wechselgebietes nahe der Grenze zum Burgenland steht das Quellheiligtum inmitten von hohen Bäumen in einem dunklen Wald. Dort herrscht eine Stille, die ihresgleichen sucht, man wird von der Mystik des Ortes sofort eingenommen. Seit über 300 Jahren kommen die Menschen zum heiligen Bründl, wobei auch hier eine Legende am Beginn der Wallfahrtsgeschichte steht.

Ein Arbeitssuchender auf Wanderschaft kam eines Tages zur Quelle und hat sich in dem Wasser seine wunden Füße gewaschen. Schnell war er von seinen Leiden befreit. Aus Dank befestigte der Wanderer bei seiner Heimreise ein Muttergottesbild am Quellbaum, einer Erle, und er legte Geld als Opfer zum Wasser. Die Heilung sprach sich herum und bald kamen mehr Menschen zur Quelle um das Wasser zu trinken, erkrankte Hautstellen damit zu waschen und die Augen zu benetzen. Durch die vielen Spenden war es möglich, im Jahr 1709 eine Kapelle zu bauen und die Quelle als Grotte zu gestalten. Später wurde noch eine Maria Lourdes-Statue über der Quellfassung aufgestellt. Das Wasser ist sehr kalt (auch im Sommer), es ist ein mineralischer Säuerling. Nach Hause mitgenommen, hält es sehr lange frisch.

Mehrere Wallfahrten werden bis zum heutigen Tag zum heiligen Bründl in Rohrbach an der Lafnitz-Schlag durchgeführt, wobei die wunderbare Stimmung des Platzes, der hohe Baumbestand und die Ruhe eine ideale Umgebung für Gebet und innere Einkehr darstellen.

Anreise

Die Autobahn A 2 bei der Ausfahrt Friedberg/Pinggau verlassen und auf der B 54 Richtung Graz weiterfahren. Bevor man zum Ortsschild Rohrbach kommt, zweigt unmittelbar vor der Lafnitzbrücke eine kleine Straße ab, die Beschilderung „Bründl-Kapelle" führt bis zum Quellheiligtum.

Wallfahrtskapelle und „Heiliger Brunn" in Rohrbach an der Lafnitz-Schlag

Pfarr- und Wallfahrtskirche Mariä Geburt am Pöllauberg

Die sich über das Pöllauer Tal erhebende Wallfahrtskirche ist seit über 800 Jahren Anziehungspunkt für pilgernde Menschen aus nah und fern.

Über einer Quelle, die anlässlich einer Grenzziehung besonders auffiel, wurde an der Wende vom 12. zum 13. Jahrhundert eine kleine romanische Kapelle erbaut, die der Muttergottes geweiht wurde. Sehr bald entwickelten sich an Samstagen rege Wallfahrtsaktivitäten, der Kirchberg erhielt daher zunächst den Namen „Samstagberg", in manchen Literaturquellen auch „Sabbatberg" genannt.
Da die Zahl der Wallfahrer immer mehr zunahm, musste eine größere Kirche gebaut werden. Nach einer großherzigen Stiftung der Katharina von Stubenberg wurde um 1340 mit der Errichtung der gotischen Kirche begonnen. Die Beziehungen der Stifterin zu Wien sind wohl auch der Grund dafür, dass beim Bau der Kirche die Einflüsse der Wiener Dombauhütte deutlich werden. Anstelle des gotischen Altars trat 1705 der barocke Hoch- und

Pfarr- und Wallfahrtskirche Mariä Geburt am Pöllauberg

Säulenmadonna in der Kirche am Pöllauberg (17. Jhdt.)

Gnadenaltar, der von Max Schokotnigg konzipiert wurde und ein ausdrucksvolles Zeugnis des Glaubens jener Zeit darstellt. Das im Hochaltar aufgestellte gotische Gnadenbild, eine Madonna mit Kind, stammt aus der Zeit von 1470 bis 1480. Beeindruckend ist auch die Säulenmadonna aus dem Jahr 1616.
Das künstlerisch wertvollste in der Kirche sind die gotischen Chorwände. Seitenaltäre, Kanzel, Beichtstühle und Orgel sind bemerkenswerte Ausstattungsteile, ebenso einige Votivbilder.
1707 wurde Pöllauberg Pfarre, nachdem sie von der Mutterpfarre Pöllau abgetrennt wurde. 1994 waren Pöllau und Pöllauberg Orte der steirischen Landesausstellung „Wallfahrt - Wege zur Kraft". Die liebevoll auch als „der kleine Dom am Berg" genannte Wallfahrtskirche ist aber viel mehr als ein Kulturdenkmal. Sie ist ein Haus Gottes, das eine Stätte lebendigen Glaubens mit einer über 800-jährigen Tradition ist.

Seit dem Ende des II. Weltkrieges wird Pöllauberg wieder von sehr vielen Pilgern besucht, die Zahl von 100.000 jährlichen Gläubigen ist schon lange überschritten. Wallfahrtstage sind der 17. März, 1. Mai, 26. Juli, 15. August und 8. September.
Kultur und Kunstinteressierte treffen sich im Sommer, wenn Pöllauberg zu Orgel- und geistlichen Konzerten einlädt. Das nahe gelegene (ehemalige) Augustiner-Chorherrenstift Pöllau ist auch immer einen Besuch wert!

Anreise
Die Autobahn A 2 bei der Ausfahrt Hartberg verlassen, auf der B 54 Richtung Zentrum fahren, nach Hartberg ist die Abzweigung Richtung Pöllau. In Pöllau biegt man auf den Pöllauberg ab.

Blick auf das (ehem.) Augustiner Chorherrenstift Pöllau

Wallfahrtskirche St. Anna am Masenberg

Die weithin sichtbare Annakirche steht auf einem Hang des auslaufenden Masenberges und liegt genau auf halbem Weg zwischen Hartberg und Pöllauberg. Sie wurde 1499 erbaut und wird von einem Bruchsteinmauerwerk getragen.
Die Einrichtung, insbesondere der Hochaltar mit einer Anna-Selbdritt-Gruppe (1520) in der Mitte, ist barock, allerdings findet man auch eine Reihe von spätgotischen Fragmenten, die zum Teil von anderen Kirchen stammen. Bemerkenswert ist die Predella mit einer plastischen Anbetung der Könige und gemalten Heiligenfiguren.

Pilger, die nach Maria Lebing/Hartberg oder Pöllauberg ziehen, „nehmen" die Annakirche gerne am Weg mit. Die Quellfassung unterhalb der Kirche bietet ein angenehm kühles Wasser, das den müden Wanderer schnell erfrischt.

Anreise
Von Pöllauberg führt eine direkte, sehr schmale Straße nach St. Anna, von Maria Lebing/Hartberg aus fährt man Richtung Pöllau und zweigt bei Winzendorf nach St. Anna ab.

Wallfahrtskirche St. Anna am Masenberg

Wallfahrtskirche Mariä Himmelfahrt in Maria Lebing/Hartberg

Die zu den bedeutendsten oststeirischen Wallfahrtsstätten zählende Marienkirche in Maria Lebing liegt eine knappe halbe Gehstunde vom Stadtzentrum entfernt im Süden von Hartberg. Sie wurde auf einem erhöht angelegten römischen Gräberfeld erbaut, die Bezeichnung Lebing ist vom mittelhochdeutschen *„lewaren"* abgeleitet, was soviel wie Grabhügel heißt.

Wallfahrtskirche Mariä Himmelfahrt in Maria Lebing/Hartberg

Erstmals wird die heutige Wallfahrtskirche urkundlich in Dokumenten aus dem beginnenden 15. Jahrhundert genannt, es wird von einem Gotteshaus zu „unser Frau an Lebern" gesprochen. Die leidvolle Geschichte der Kirche ist eng mit ihrem exponierten Standort außerhalb der Stadtmauer von Hartberg verbunden. Zerstörungen wechselten mit Wiederaufbauphasen, ausgelöst durch einen Adelsaufstand („Baumkirchner Fehde"), sowie Türken-, Haiducken- und Kuruzeneinfälle[x)].
Heute zeigt sich die Wallfahrtskirche als ein spätgotischer Bau, in dem jedoch Elemente aller wichtigen Baustile erkennbar sind. Im Kircheninneren herrscht der Barockstil vor. Das Grundthema der Wandmalereien ist der Gottesmutter gewidmet, wobei im Langhaus das irdische Leben behandelt wird und der Chorbereich ihrem himmlischen Wirken als Helfern und Fürbitterin in allen Nöten gewidmet ist.
Unter einem Baldachin steht am Lebinger Hochaltar die aus dem 15. Jahrhundert stammende Gnadenstatue, die 1784 barock überarbeitet wurde. Das Lebinger Gnadenbildnis erinnert an die Mariazeller Magna Mater Austriae, allerdings trägt Maria in Lebing ein Zepter in der Rechten und das Jesuskind einen Apfel in der Linken.
Die meisten Wallfahrtsaktivitäten in Maria Lebing sind zu den beiden Frauentagen Mariä Himmelfahrt (15. August) und Mariä-Namen-Sonntag (um den 12. September). Auf Grund eines Gelöbnisses der Hartberger Bürger kommen Pilger zur Pestkapelle in der Kirche am Sebastianstag (20. Jänner), zu Rochus (16. August) und Rosalia (4. September). Auch der Tag vor Christi Himmelfahrt war ein beliebter Zuzugstag.
Einen neuerlichen Aufschwung erfuhr die Wallfahrt nach Maria Lebing in jüngster Zeit. Seit dem Jahr 1977 kommen Pilgergruppen auch am 13. jedes Monats zum Gnadenbild von Maria Lebing.

Anreise

Die Autobahn A 2 bei der Ausfahrt Hartberg verlassen und Richtung Zentrum fahren. Sehr bald gibt es einen Wegweiser zur Wallfahrtskirche Maria Lebing, schon nach kurzer Zeit steht man vor ihr.

[x)] *Haiducken:* Bezeichnung von *haidu*, ungarisch für Söldner, Hirte. Es handelt sich um ungarische und siebenbürgische Aufständische, die unter ihrem Anführer István Bocskay („Bocskay-Aufstände") Anfang des 17. Jh. gegen die Habsburger Krieg führten und auf ihren Raubzügen bis ins Gebiet des heutigen Burgenlandes, Niederösterreichs und der Steiermark kamen.
Kuruz(z)en: Bezeichnung von *cruciati*, lateinisch für Kreuzfahrer. Unter den Grafen Imre Thököly und Franz II. Ràkòczi vereinigte ungarische Bauern, die an der Wende vom 17. zum 18. Jh. einen Aufstand gegen die Habsburger in Ungarn durchführten. Die Kämpfe mit ihnen werden als „Kuruzenkriege" bezeichnet.

Wallfahrtskirche Mariä Geburt und heiliges Bründl (Maria Fieberbründl) bei Kaibing

Der kleine Wallfahrtsort in romantischer Lage am Kaibingberg im oststeirischen Feistritztal gehört zu den jüngeren heiligen Plätzen, der sich allerdings eines regen Zuspruches erfreut.

Die Legende berichtet, dass ein Einsiedler bei einem Waldbründl eine Marienstatue aufgestellt hat, zu der viele Menschen mit den unterschiedlichsten, zumeist fieberhaften Erkrankungen gekommen sind, um Heilung zu erbitten. Darunter war eine junge Frau, die den Ort geheilt verließ. An dieser Stelle entstand die erste hölzerne Kapelle. 1876 wurde diese durch einen Steinbau ersetzt, jetzt ist die ursprüngliche Gnadenkapelle „Maria im Elend" Teil des Altarraumes der Wallfahrtskirche. Diese Kapelle wurde beim letzten Umbau (1954) durch ein Querschiff mit einem zwischenzeitlich errichteten neuromanischen Bethaus (1894) verbunden, was der heutigen Wallfahrtskirche Mariä Geburt ihr Aussehen gab. Die Gnadenstatue, eine Maria mit dem Kind, steht auf dem Hochaltar.

Wallfahrtskirche Mariä Geburt (Maria Fieberbründl)

Betreut wird Mariä Fieberbründl seit 1953 vom Kapuzinerorden. Betrieb ist in dem kleinen Wallfahrtsort vom Palmsonntag bis zum 26. Oktober. Die Kirche mit dem heiligen Bründl nahe dem Südeingang ist bis heute Ziel von mehr als 50.000 Pilgern jährlich, die das erfrischende und wohlschmeckende Wasser trinken oder sich damit erkrankte Körperregionen benetzen. Sie kommen zu den Marienfeiertagen, besonders aber am 15. August und erwarten sich in Maria Fieberbründl Heilung von Halserkran-

Andachtsbildchen Maria Fieberbründl Druck/Papier (Sammlung H. Burkard, Graz)

Anreise

Von Norden kommend: Die Autobahn A 2 bei der Ausfahrt Hartberg verlassen, auf der B 54 Richtung Graz bis Kaibing fahren. Der Beschilderung „Wallfahrtsort" bis zur Kirche Maria Fieberbründl folgen.

Von Süden kommend: Die Autobahn A 2 bei der Ausfahrt Gleisdorf verlassen, auf der B 54 Richtung Wechsel bis Kaibing fahren. Der Beschilderung „Wallfahrtsort" bis zur Kirche folgen.

kungen, Kropfleiden und allgemeinen Entzündungen. Votivtafeln dankbarer Pilger, die von ihren Leiden befreit wurden, hängen neben der Quelle.

Viele kommen auch nur, um Ruhe und Besinnung in dem etwas verborgen liegenden Gnadenort zu finden. Andere machen hier Halt, wenn sie auf dem Feistritztal-Radweg unterwegs sind oder den nahen Tierpark Herberstein besuchen wollen.

Stoffbild auf der Wallfahrtsfahne von Maria Fieberbründl mit der Darstellung der Gnadenmutter und der Kirche

Pfarrkirche Maria Gnadenbrunn in Burgau

Die Kirche von Burgau liegt auf einem kleinen Hügel am Westrand des Ortes. Sie dürfte im 12./13. Jahrhundert errichtet worden sein und hat dann mehrere Schicksalsschläge hinnehmen müssen: Sie wurde 1418 zuerst von den Ungarn, dann 1624 und 1775 durch Feuer bzw. Sturm schwer beschädigt. Im 18. Jahrhundert wieder aufgebaut, erhielt sie im Wesentlichen ihr heutiges Aussehen, 1952 wurde sie restauriert.
Der Hochaltar stammt aus dem 18. Jahrhundert und trägt eine Schnitzfigur einer Muttergottes, die schon aus dem Jahr 1420 stammt. Sie war einst Ziel von Wallfahrern, auch aus dem benachbarten Westungarn (heute Burgenland), allerdings sind jetzt keine Aktivitäten in diese Richtung mehr zu vermelden.
Heute kommen Besucher nicht nur zur schönen Kirche, sondern auch zur Burg, die im Laufe ihrer Geschichte mehrere Besitzer (Puchheim, Polheim, Trautmannsdorf) hatte, nunmehr gehört sie der Gemeinde. Mehrere Kapellen, Kreuze und Säulen im Ort sind Zeugnisse eines lebendigen Glaubens.

Anreise
Die Autobahn A 2 bei der Ausfahrt Sebersdorf/Bad Waltersdorf verlassen und über Limbach und Neudau in Richtung Burgau fahren.

Pfarrkirche Maria Gnadenbrunn in Burgau

Pfarr- und Wallfahrtskirche zum Heiland der Welt in Breitenfeld an der Rittschein

Nach einer verheerenden Pestwelle im Jahre 1634 wurde an der Stelle, wo heute die imposante Pestwallfahrtskirche steht, ein Pestfriedhof angelegt und eine kleine Kapelle errichtet. Wegen des großen Zustromes an Wallfahrern hat man diese Kapelle 1645 zu einer Kirche mit dem Gnadenbild „Erlöser der Welt" (lat. *salvator mundi*) von Simon Echter vergrößert. Viele Wallfahrer haben vor dem Gnadenbild Gottes Hilfe erfleht und so manche Erhörung ihrer Bitten erlangt.
Der wachsende Zustrom an Wallfahrern nach dem neuerlichen Aufflammen der Pest im Jahre 1680 machte den Bau einer größeren Pestwallfahrtskirche erforderlich. Heute erscheint sie als ein stattlicher Bau des Hochbarock.

Das Gnadenbild des Erlösers der Welt am Hochaltar wurde von der kleineren Kirche übertragen und ist bis heute erhalten geblieben. Sehr schön ist auch ein Buchsbaum-Kruzifix, das im Stil von Veit Königer gestaltet ist. Die kunstvolle, barocke Einrichtung erfolgte durch den Riegersburger Hauptpfarrer Gundacker von Stubenberg, sein Grabstein ist im Chor eingemauert.

Die Wallfahrt blühte bis 1780, bis ihr die wallfahrtsfeindlichen Anordnungen durch die Kirchenreformen Josephs II. ein jähes Ende bereiteten. Nur der „Schmerzhafte Freitag" ist als Wallfahrtstag bis heute erhalten geblieben. Zur Belebung der Wallfahrt werden seit einigen Jahren die Herz-Jesu-Freitage (1. Freitag im Monat) mit Anbetung, Andachten und festlichen Wallfahrermessen gefeiert.

Kalvarienberg und Kreuzweg in Breitenfeld

Der Breitenfelder Kreuzweg stammt aus dem frühen 18. Jahrhundert und ist einer der bedeutendsten Meditations- und Glaubenswege der Region. Seit der letzten Sanierung im Jahre 2004 beginnt nunmehr der Kreuzweg mit dem neu geschaffenen Einstimmungsplatz neben der Kirche. Von hier führt der Weg zum nahen Waldrand und dann durch ein ansteigendes Waldstück hinauf bis zum Kalvarienberg.
Den gesamten Kreuzweg bilden 14 zeitgemäß gestaltete Stationen und eine neu adaptierte Auferstehungskapelle mit spirituellem Innenraum. Dieser An-

dachtsweg wurde von der Künstlerin Roswitha Dautermann gemeinsam mit der ortsansässigen Bevölkerung gestaltet. Der Kreuzwegbesucher findet hier die Möglichkeit zur inneren Einkehr und sein eigenes Kreuz im Leidensweg Jesu wieder zu finden. Die jeweilige Beschreibung an den Marterln ermöglicht dem Betrachter eine tiefsinnige Auseinandersetzung mit der Interpretation der einzelnen Stationen. Alljährlich finden hier in der Fastenzeit die traditionellen Kreuzwegprozessionen statt.

Pfarr- und Wallfahrtskirche zum Heiland der Welt in Breitenfeld an der Rittschein

Wallfahrtskirche zum hl. Andreas in St. Kind

Ganz in der Nähe von Breitenfeld an der Rittschein liegt der kleine Ort St. Kind im Rittscheintal, den wir noch besuchen wollen. Die alte Bezeichnung von St. Kind war „Sunekind", was Heiliges Kind bedeutet. Die Kirche zum hl. Andreas wurde 1445 erstmals erwähnt. Der spätgotische Baustil ist noch am Rundbogenportal an der Westseite und am Schulterbogenportal mit drei Hauswappen an der Südseite zu erkennen. Der Neubau erfolgte im 17. Jahrhundert, der quadratische Turm mit Zwiebelhaube wurde erst 1808 errichtet und musste 1831 erneuert werden. Die Kirche ist mit drei Barockaltären aus der zweiten Hälfte des 17. Jahrhunderts ausgestattet. Auf dem rechten Seitenaltar befindet sich ein Schrein mit dem Christuskind als Wickelkind. Eine Seltenheiten sind die Votivbilder der hl. Kümmernis.
Seit Juni 2007 beherbergt die Kirche eine Fingerreliquie ihres Schutzpatrons, des Apostels Andreas. Die für die Reliquienbewahrung angefertigte Andreasstatue steht in einem Glasschrein neben dem linken Seitenaltar.

Reliquiengefäß hl. Andreas in St. Kind

Wer sich im Rittscheintal befindet, sollte nicht versäumen, einen Abstecher zum nahen **Ulrichsbrunn in Markt Hartmannsdorf** zu machen. Dieses Bründlheiligtum, das von einem fast lebensgroßen hl. Ulrich bewacht wird, steht auf altem Kulturboden aus der Keltenzeit. Die Kapelle über der Quelle hat in Kriegszeiten Zuflucht geboten, sie wird von der lokalen Bevölkerung bei Kummer und Krankheit aufgesucht.

Anreise
Die Autobahn A 2 bei der Ausfahrt Fürstenfeld verlassen und auf der B 66 Richtung Feldbach weiterfahren. Schon nach wenigen Kilometern kommt man nach St. Kind zur Abzweigung nach Breitenfeld a.d.R., die Kirche steht im Ortszentrum.

Der Kreuzweg

Herr Jesus Christus, wir sind gekommen, um betend deinen Leidensweg nachzugehen, den du vom Haus des Pilatus bis hinauf nach Golgatha gegangen bist.
Heiliger Gott !
Heiliger, starker Gott !
Heiliger, unsterblicher Gott !
Erbarme dich unser.

I. Station: Jesus wird zum Tod verurteilt

II. Station: Jesus nimmt das Kreuz auf seine Schulter

III. Station: Jesus fällt zum ersten Mal unter dem Kreuz

IV. Station: Jesus begegnet seiner heiligen Mutter

V. Station: Simon von Cyrene hilft Jesus das Kreuz tragen

VI. Station: Veronika reicht Jesus das Schweißtuch

VII. Station: Jesus fällt zum zweiten Mal unter dem Kreuz

VIII. Station: Jesus begegnet den weinenden Frauen

IX. Station: Jesus fällt zum dritten Mal unter dem Kreuz

X. Station: Jesus wird seiner Kleider beraubt

XI. Station: Jesus wird ans Kreuz genagelt

XII. Station: Jesus stirbt am Kreuz

XIII. Station: Jesus wird vom Kreuz abgenommen und in den Schoß seiner Mutter gelegt

XIV. Station: Der Leichnam Jesu wird in das Grab gelegt.

In den verschiedenen Zeiten gab es verschieden viele Kreuzwegstationen, heute halten wir bei 14.

Lourdesgrotte in Unterlamm

Im Hang hinter der Pfarrkirche zum hl. Heinrich in Unterlamm wurde auf Initiative von Pfarrer Franz Brei eine Nachbildung der Mariengrotte von Lourdes errichtet, die in dieser Größe in der Steiermark wohl einzigartig ist. Die aus vielen tonnenschweren Steinen zusammengefügte Grotte mit der Muttergottesstatue erinnert an die Marienerscheinungen im französischen Wallfahrtsort Lourdes im Jahr 1858.
Durch die Mithilfe des Erzbischofs von Vaduz, Wolfgang Haas, konnte eine von den Gebeinen der hl. Bernadette Soubirous stammende Reliquie nach Unterlamm gebracht werden. Diese wertvolle Reliquie ist in einer Monstranz gefasst und in der Lourdesgrotte in Unterlamm zur Verehrung für alle zugänglich gemacht worden.
Jeden 11. des Monats findet eine besondere Messe mit Lichterprozession zur Lourdesgrotte (20.00 Uhr, im Winter 19.00 Uhr) statt.

Anreise
Die Autobahn A 2 bei der Ausfahrt Fürstenfeld verlassen, weiter auf der B 66 Richtung Feldbach fahren. Auf halbem Weg zwischen Fürstenfeld und Feldbach nach der Riegersburg Richtung Fehring abzweigen. Vor Fehring (bei Brunn) Richtung Unterlamm weiterfahren.

Lourdesgrotte in Unterlamm

Vor zehn Jahren starb Mutter Teresa

Mit zahlreichen Veranstaltungen begingen die „Missionarinnen der Nächstenliebe" den zehnten Todestag ihrer 2003 selig gesprochenen Ordensgründerin Mutter Teresa von Kalkutta (1910 – 1997).
Sie wurde mit dem bürgerlichen Namen Agnes Gonxha Bojaxhiu im damals noch osmanischen Skopje (albanisch *Shkup*) geboren. Mit 18 Jahren trat sie in den Orden der Loretoschwestern ein, die sie als Lehrerin nach Kalkutta sandten. 1948 verließ sie diese Gemeinschaft und übersiedelte in eines der schlimmsten Elendsviertel von Kalkutta, um dort das Leben der Armen zu teilen. Ihre Gründung der „Missionarinnen der Nächstenliebe" machte sie weltweit bekannt. Für ihr Werk, das auf allen Kontinenten Fuß fasste, wurden ihr zahlreiche Ehrungen zuteil, unter anderem der Friedensnobelpreis 1979.

Das Leben

Das Leben ist Schönheit, bewundere sie.
Das Leben ist Seligkeit, genieße sie.
Das Leben ist ein Traum, mache eine Wirklichkeit daraus.
Das Leben ist eine Herausforderung, stelle Dich ihr.
Das Leben ist eine Pflicht, erfülle sie.
Das Leben ist ein Spiel, spiele es.
Das Leben ist kostbar, geh sorgfältig damit um.
Das Leben ist Reichtum, bewahre ihn.
Das Leben ist Liebe, erfreue Dich an ihr.
Das Leben ist ein Rätsel, durchdringe es.
Das Leben ist Versprechen, erfülle es.
Das Leben ist Traurigkeit, überwinde sie.
Das Leben ist eine Hymne, singe sie.
Das Leben ist Kampf, akzeptiere ihn.
Das Leben ist Tragödie, ringe mit ihr.
Das Leben ist Abenteuer, wage es.
Das Leben ist Glück, verdiene es.
Das Leben ist das Leben, verteidige es.

(Mutter Teresa)

Pfarr- und Wallfahrtskirche Mariä Heimsuchung (Klein-Mariazell) in Eichkögl

Inmitten des oststeirischen Hügellandes liegt auf einer Anhöhe zwischen Raab- und Rittscheintal in der Gemeinde Eichkögl die Wallfahrtskirche Klein-Mariazell. Bis 1853 standen hier ein altes Holzkreuz und daneben eine Birke, auf der ein Abbild des Mariazeller Gnadenbildes gehangen ist.

Die Wallfahrt wurde von der gläubigen Bauernfamilie Anton und Theresia Kobald begründet. Anton Kobald gelobte während einer schweren Erkrankung den Bau einer Kapelle, beim „Kreuz in der Grueb", wie der Standort damals hieß, die nach seiner Gesundung 1853 errichtet wurde. Eine Kopie der Mariazeller Magna mater wurde das neue Gnadenbild in der Kapelle. Rasch verbreitete sich die Wundertätigkeit des Ortes.
Da die Kapelle für den wachsenden Pilgerstrom bald zu klein war, begann man mit dem Bau einer Kirche im historisierenden neubarocken Stil, die 1890 fertig wurde. Nach dem 100-jährigen Bestandsjubiläum entstand über der Sakristei eine „Klein-Mariazeller Schatzkammer", die eine sehenswerte Sammlung von zahlreichen Votivbildern und Votivgaben dankbarer Pilger darstellt. Die Schatzkammer kann im Rahmen einer Kirchenführung besichtigt werden.
Der Altarraum wird vom Hochaltar beherrscht, der zu Ehren Mariä Heimsuchung geweiht ist - das Patrozinium der Kirche. Das große Mittelfeld des viersäuligen Altaraufbaus zeigt ein Relief der Mariazeller Muttergottes, begleitet von zwei Putten, die den Strahlenkranz halten. Sehenswert ist auch der Gnadenaltar, der zu Ehren Mariä Geburt geweiht ist und noch aus der ursprünglichen Kapelle stammt. Auch er trägt eine Statue, die der Mariazeller Gnadenmutter nachgebildet ist.
Besondere Wallfahrtstage sind die Marienfeiertage am 2. Juli (Mariä Heimsuchung), 15. August (Mariä Himmelfahrt) und der 8. September (Mariä Geburt). An jedem ersten Samstag des Monats werden der Herz-Mariä-Sühnesamstag und eine Fatima-Wallfahrt am 13. jedes Monats gefeiert.

Anreise
Die Autobahn A 2 bei der Abfahrt Gleisdorf-Süd verlassen und auf der B 68 Richtung Feldbach weiterfahren. Nach einigen Kilometern kommt man zur Abzweigung nach Klein-Mariazell/Eichkögl. Die Wallfahrtskirche ist schon von weitem zu sehen.

Pfarr- und Wallfahrtskirche Mariä Heimsuchung (Klein-Mariazell) in Eichkögl

Pfarr- und Wallfahrtskirche zum hl. Andreas in Jagerberg

Die südliche Oststeiermark ist ein stilles Bauernland zwischen Raab und Mur mit sanften, oft bewaldeten Höhenzügen, Korn- und Kürbisfeldern, Obstgärten und Weinbergen. Auf einer Erhebung des Schlegelberges zwischen Seßbach und Otterbach liegt der Ort Jagerberg mit einer markanten, weithin sichtbaren Kirche, die dem hl. Andreas geweiht ist.
Die heutige spätgotische Andreaskirche wurde 1269 erstmals urkundlich erwähnt, mehrere Male um- und neu aufgebaut, mit einer Wehrmauer gegen

Pfarr- und Wallfahrtskirche zum hl. Andreas in Jagerberg

Türken- und Ungarneinfälle versehen und schließlich gegen Ende des 19. Jahrhunderts mit dem jetzigen neugotischen Spitzhelmturm versehen. Der hl. Andreas mit dem Kreuz („Andreaskreuz") begrüßt die herein kommenden Gläubigen über dem Tor nach dem Stiegenaufgang.
Am Hochaltar ist das Altarblatt mit der barocken Darstellung des hl. Andreas sehenswert, ebenso wie die südlich anschließende Notburga-Kapelle. Sie ist seit dem 18. Jahrhundert Ziel einer wallfahrtsmäßigen Verehrung in Jagerberg. Ein Tiroler Landsmann der Heiligen, der um die Mitte des 18. Jahrhunderts in Jagerberg Pfarrer war, gab den Anstoß, Millionen von Gläubigen sind seither zur Heiligen gepilgert. Bis heute strömen am 3. Sonntag im September (nach dem Notburgatag am 14. September) Wallfahrer aus der näheren und weiteren Umgebung nach Jagerberg. Auch ein Kirtag wird dabei abgehalten, der ein Fixpunkt für unzählige Besucher ist.
Darstellungen der hl. Notburga[x)] aus Rattenberg in Tirol, die vom bäuerlichen Volk wegen ihrer tätigen Nächstenliebe verehrt wurde, sind im gesamten süddeutschen und österreichischen Raum verbreitet. Die Jagerberger Notburga-Wallfahrt dürfte aber eine Einzelerscheinung sein.

Anreise

Die Autobahn A 9 von Graz kommend bei der Ausfahrt Leibnitz verlassen, auf der Bundesstraße B 73 Richtung Ragnitz und weiter bis Kleinbreitenfeld fahren. Dort Richtung Wolfsberg und Ungersdorf abzweigen und bis Jagerberg weiter fahren.

Aufgang zur Kirche in Jagerberg mit Resten der alten Wehrmauer und Darstellung des hl. Andreas über dem Torbogen

[x)] Auf die hl. Notburga soll unser Begriff *Feierabend* zurückgehen. Am Abend unterbrach die Dienstmagd ihre Arbeit, ihre Sichel blieb wundersam in der Luft hängen („Sichel-Wunder") und sie begab sich mit dem Ruf „Feierabend" zum täglichen Gebet.

Pfarr- und Wallfahrtskirche zur Hl. Maria am Himmelsberg in Straden

Drei Kirchen mit drei Türmen und vier Kirchräumen umfasst der malerisch gelegene Himmelsberg von Straden im Herzen des Vulkanlandes. Diese in der südlichen Oststeiermark gelegene Region ist durchzogen von einem Netz von Wander- und Pilgerwegen, „Auf den Spuren der Vulkane" und zeichnet sich durch eine Ansammlung von Wallfahrtsorten aus, wie z.B. Jagerberg, Bierbaum, Mureck, Maria Helfbrunn, Eichkögl, Breitenfeld a.d. Rittschein, St. Kind, Unterlamm und eben – Straden. Die Spuren der Vulkane sind Wege und Orte der Spiritualität, Besinnung und Inspiration in vielerlei Hinsicht.

Die Marienkirche von Straden wird 1188 erstmals erwähnt, 1460 durch einen Brand zerstört und 1472 vom St. Georgs-Ritterorden wieder aufgebaut. Nach einigen Erweiterungen erhielt die Kirche 1704 ihr heutiges Aussehen. Turm und Kuppel wurden 1741 nochmals renoviert. In den letzten Kriegstagen im April 1945 wurde die Kirche teilweise zerstört, der Wiederaufbau konnte 1949/50 abgeschlossen werden.

Bemerkenswert ist der Hochaltar mit seinem lockeren Säulenaufbau aus dem 18. Jahrhundert. Die Gnadenstatue (1520) zeigt eine sitzende Mutter Maria mit dem Jesuskind, das in der rechten Hand einen Apfel hält.

Blick auf den Himmelsberg von Straden

Die Legende erzählt, dass das Gnadenbild in einem Dickicht an der Stelle der heutigen Kirche gefunden wurde. Nachdem die Statue in der Kirche von St. Anna aufgestellt wurde, kehrte sie insgesamt dreimal auf den Stradner Kogel zurück. An jener Stelle wurde die Kirche „Maria am Himmelsberg" errichtet. Bis zum heutigen Tag ist dieses Gnadenbild Ziel der Wallfahrer. Sie besuchen jedoch nicht nur die Marienkirche in Straden, sondern der ganze heilige Bezirk am Himmelsberg ist sehenswert. Der Ort, die Häuser und die anderen Kirchen laden zum Besuch und Verweilen ein.

Die kleine **Sebastianskirche** wurde 1515 von der Sebastiansbruderschaft errichtet. Im ehemaligen Beinhaus unter der Kirche entstand 1677 die **Unterkirche** zur Schmerzhaften Muttergottes.

Anstelle eines mittelalterlichen Wehrbaues wurde 1650 die **Florianikirche** erbaut, sie liegt am höchsten Punkt des Stradner Himmelsberges.

Anreise
Die Autobahn A 2 bei der Ausfahrt Gleisdorf-Süd verlassen, auf der B 68 bis Feldbach fahren und in Feldbach auf die B 66 Richtung Bad Gleichenberg abbiegen. Die B 66 bei Muggerdorf-Karbach verlassen und nach Straden abzweigen.

Der, den ich liebe, hat mir gesagt,
dass er mich braucht.
Darum gebe ich auf mich acht,
sehe auf meinen Weg und fürchte
mich vor jedem Regentropfen,
dass er mich erschlagen könnte.
(Bert Brecht)

Fatimakapelle
in Trössing/Bierbaum am Auersbach

Die Fatimakapelle auf einem Bergrücken über Bierbaum ist das Lebenswerk des Franz Sommer, der einer Fatimastatue eine Heimstätte schaffen wollte. Er löste damit ein Gelöbnis ein, das er als Soldat an der Front in der Normandie (1943) gemacht hatte. Seine Bitte wurde erhört und hat ihn vor dem Soldatentod bewahrt.

Gemeinsam mit der Landjugend und Wohltätern der Region stellte Sommer die Mauern der Kapelle auf. Nach weiteren Arbeiten konnte im Herbst 1956 das Kuppelkreuz gesegnet werden. In den folgenden Jahren wurden die Glasfenster eingesetzt, das Dach eingedeckt, ein Nebengebäude zur Seniorenbetreuung errichtet und schließlich die Kapelle durch Seitenanbauten erweitert. Im Jahr 2001 wurde der Gebäudekomplex von Diözesanbischof Dr. Egon Kapellari als Kloster gegründet und der franziskanisch-marianischen Gemeinschaft „Maria, Königin des Friedens" anvertraut. Die Ordensgemeinschaft übernahm auch die pastorale Betreuung des Heiligtums. An jedem 13. des Monats findet eine Fatima-Wallfahrt statt, die von vielen Menschen der näheren und weiteren Umgebung in zunehmendem Ausmaß angenommen wird.

Anreise

Die Autobahn A 2 bei der Ausfahrt Gleisdorf-Süd verlassen und auf der B 68 bis Feldbach weiterfahren. In Feldbach abzweigen Richtung Gnas, in Gnas abbiegen Richtung Grabersdorf und in Puchenstein nach Bierbaum fahren. In Bierbaum dem Schild „Fatimakapelle" folgen, bis man nach etwa 3 Kilometern bei der Fatimakapelle eintrifft.

Fatima-Kapelle in Trössing/Bierbaum am Auersbach

Bewusster Leben

Die Meldung ging durch die Weltpresse: Ein prominenter Wirtschaftsfachmann hat seinen Nadelstreifanzug mit einer schlichten Mönchskutte vertauscht – er ging ins Kloster. Wie das?
„Bis jetzt blieb mein Leben unerfüllt", meinte der fünfzigjährige ehemalige Vorstandsdirektor, „beten und arbeiten – so werde ich bewusster und glücklicher leben können, im Dienst Gottes und des Nächsten ..."

Um deutlich zu machen, dass jeder einzelne Christ, jede Gemeinde und die gesamte Kirche sich immer wieder von neuem bekehren und um ein Leben aus dem Glauben bemühen muss, hat die Kirche gemeinsame Zeiten und Zeichen der Buße festgelegt. Die große Bußzeit des Kirchenjahres ist die „österliche Bußzeit", vielerorts auch Fastenzeit genannt. Alle Christen sind besonders in dieser Zeit zu ernster Gewissensprüfung, zur Mitfeier der Liturgie, zur persönlichen Beichte und zum Fasten eingeladen.

Fasten ist das bewusste Durchführen der positiven Lebensgedanken. Fasten ist nicht nur Verzicht, sondern auch Leistung. Angesichts der Situation der heutigen Verteilungsverhältnisse in der Welt ist das Wort „teilen" äußerst aktuell. Mit dem Spenden einer Gabe ist sicherlich geholfen. Soll menschenfreundliches Tun aber zum christlich liebenden Tun werden, muss „teilen" zu einer persönlichen Grundhaltung heranreifen.

„Die Armen der Welt sind eure Brüder und Schwestern in Christus. Begnügt euch nicht damit, ihnen die Krumen dieses Festes zukommen zu lassen. Gebt ihnen von der Substanz und nicht vom Überfluss, wenn ihr ihnen wirklich helfen wollt", meinte Papst Johannes Paul II.
Von der Substanz geben aber heißt in der vollen Bedeutung der Worte „sich selber schenken".

Der Mensch ist nie so groß
als wenn er kniet.
(Papst Johannes XXIII.)

Wallfahrtskirche Maria Helfbrunn und heiliges Bründl in Ratschendorf

Wer eine Pilgerstätte in der Region Feldbach-Bad Radkersburg besucht, wie etwa den heiligen Berg von Straden, Maria Fatima in Bierbaum oder die Patriziuskirche in Mureck, sollte nicht versäumen, dem Bründlheiligtum und der kleinen Wallfahrtskirche Maria Helfbrunn einen Besuch abzustatten.

Die Wallfahrtskirche steht auf einem kleinen Hügel etwa eine Gehstunde von Mureck entfernt. Am Fuße des Kirchhügels ist in Sichtweite die Quellfassung, die als Lourdesgrotte gestaltet ist.

Wallfahrtskirche Maria Helfbrunn bei Ratschendorf

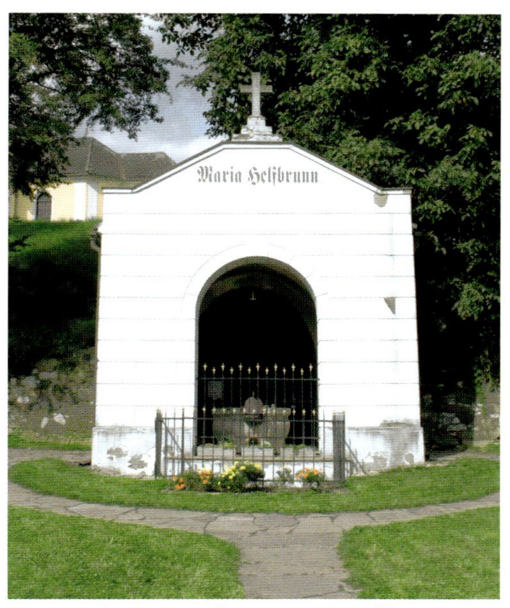

Heiliges Bründl von Maria Helfbrunn

1856 wurde am Hügel hinter der Quelle zuerst eine Kapelle errichtet, die 1894 durch den Zubau des Kirchenschiffes und des Turmes sowie der Sakristei wesentlich vergrößert wurde. Die Wallfahrten zur Grotte mit der Lourdesmadonna aus Stein und dem wundertätigen Wasser hatten stark zugenommen, was die Vergrößerung der schon lange zu klein gewordenen Kirche notwendig machte.
Die Legende erzählt von einem kranken Jüngling, der von weit her kam. Er hatte geträumt, dass er von seiner Krankheit nach einer Waschung mit einem heiligen Wasser geheilt werde. Er folgte seinem Traum und wurde tatsächlich in Maria Helfbrunn wieder gesund. In der kleinen Wallfahrtskirche gibt es ein Votivbild, das an diese Legende erinnert.

Über die Stille
Ein Mann ging eines Tages zu einem Mönch und fragte ihn: „Was lehrt dich eigentlich die Stille?"
Der Mönch schöpfte gerade mit einem Kübel Wasser aus dem Brunnen und antwortete: „Schau hinunter in den Brunnen. Was siehst du dort?" Unser Mann blickte hinunter und sagte: "Ich sehe nichts!" Nach einiger Zeit, in der er völlig bewegungslos geblieben war, sagte der Mönch zu seinem Besucher: „Schau jetzt einmal hinunter, was siehst du da in dem Brunnen?" Der Mann folgte dem Auftrag und antwortete überrascht: „Ich sehe mich selbst, ich spiegele mich im Wasser." Der Mönch lächelte: „Siehst du, wenn ich den Kübel eintauche, bewegt sich das Wasser. Aber jetzt ist das Wasser ruhig. Und genau das ist die Erfahrung der Stille – man sieht sich selbst!"

(Aus einer Predigt von Kardinalstaatssekretär Dr. Tarcisio Bertoni am 15. Juli 2007 in Subiaco)

Kirche zum hl. Patrizius in Mureck

Bis heute wird von Heilungen berichtet, die sich in Maria Helfbrunn ereignet haben. So soll das Wasser bei Augenleiden, aber auch bei Magen-Darmerkrankungen hilfreich sein. Es wird auch dem Viehfutter beigemengt und man verwendet es für Waschungen von erkrankten Körperteilen. Früher sagte man, wer sich einmal im Jahr mit dem Wasser aus Helfbrunn wasche, sei für die nächsten 12 Monate vor Krankheiten gefeit.
Die heutige Wallfahrtsstätte befindet sich auf einem vorchristlichen Kultplatz, der schon in der Keltenzeit bekannt war. Überhaupt ist die Region ein altes Siedlungsgebiet, Funde aus der Römerzeit sind heute im „Römerzeitlichen Museum" im nahen Ratschendorf zu besichtigen.
Wallfahrtstage sind der 15. August (Mariä Empfängnis) und der 8. September (Mariä Geburt), zu denen Wallfahrer aus der Südsteiermark aber auch aus dem angrenzenden Slowenien nach Maria Helfbrunn pilgern.

Unweit von Maria Helfbrunn steht in **Mureck** gleich neben der Hauptkirche eine kleine Barockkirche, die im Jahr 1748 dem hl. Patrizius, der als volkstümlicher Bauernheiliger stark verehrt wurde, geweiht ist. Sie diente während der Bauzeit der Hauptkirche als „Ausweichquartier", danach aber als viel besuchte Kirche in der starken Wallfahrtsbewegung der Barockzeit.
Sie hat einen reich gegliederten Altar, in dessen Mitte der hl. Patrizius als Bischof steht, der vom hl. Leonhard, dem Viehpatron, und dem hl. Laurentius mit dem Bratrost flankiert wird. An der Kanzelbrüstung verkünden vier volkstümliche Sprüche von den unwahrscheinlichen Wundertaten des hl. Patrizius.

Anreise
Die Autobahn A 9 bei Gersdorf verlassen und auf der B 69 nach Mureck fahren, wo man die Patriziuskirche besuchen kann. Kurz nach Mureck zweigt eine Straße bei Gosdorf Richtung Ratschendorf ab, in Ratschendorf biegt man beim Hinweisschild nach Maria Helfbrunn ab, das man in wenigen Minuten erreicht.

Altes christliches Gebet

Der Herr sei vor dir,
um dir den rechten Weg zu
zeigen.

Der Herr sei neben dir,
um dich in die Arme
zu schließen
und zu schützen
gegen Gefahren von links und rechts.

Der Herr sei hinter dir,
um dich zu bewahren
vor der Heimtücke
böser Menschen.

Der Herr sei unter dir,
um dich aufzufangen,
wenn du fällst,
und dich aus der Schlinge zu
ziehen.

Der Herr sei in dir,
um dich zu trösten,
wenn du traurig bist.
Der Herr sei um dich herum,
um dich zu verteidigen,
wenn andere
über dich herfallen.

Der Herr sei über dir,
um dich zu segnen.
Amen.

Wallfahrtskirche zur Hl. Maria in Frauenberg/Leibnitz

Unweit dem Bischöflichen Schloss Seggau erhebt sich malerisch über dem Leibnitzer Feld die Wallfahrtskirche zur Hl. Maria am Frauenberg.

Wie nahe gelegene Ausgrabungen beweisen, war der heilige Berg schon in vorrömischer und römischer Zeit besiedelt. In der Keltenzeit dürfte hier ein größerer Ort bestanden haben, der wahrscheinlich einem lokalen Fürsten als Hauptsitz gedient hat. Ein zentrales Heiligtum der Kelten wurde später von den Römern zu einem so genannten Umgangstempel umgebaut. Er ist in seinen Grundrissen ausgegraben worden und heute Teil der zu besichtigenden archäologischen Artefakte am Frauenberg. Die Römer erbauten dort einen weiteren Tempel, der dem Kriegsgott Mars geweiht gewesen sein könnte, von dem man ebenso einige Fundstücke bestaunen kann.

Die erste Marienkirche auf dem Frauenberg wird 1170 erstmals urkundlich erwähnt, die allerdings nach Zerstörungen durch den Ungarnkönig Matthias Corvinus zu Beginn des 16. Jahrhunderts neu aufgebaut werden musste. In dieser Periode setzten die Wallfahrtsaktivitäten zur Marienkirche von Frauenberg ein.
Etwa hundert Jahre später (1604) brannte die Kirche wieder ab, nur das Gnadenbild soll unversehrt aus der Brandruine gerettet worden sein. Die abermals neu aufgebaute Kirche wurde 1766 barockisiert, der Innenraum neu gestaltet und erhielt damit ihre heutige Größe und Gestalt.

Mein Leibnitz

Mein Leibnitz lob' ich mir,
es ist ein kleines Graz.
Und friedensfrohe Zier
der stillen Landschaft hat's.
Umgurtet bleib, Stadt Leibnitz,
mit Garten, Wald und Flur.
Vertausche nicht mit Menschenlärm
die göttliche Natur.

(Peter Rosegger)

Vom Bau der Kirche berichtet eine Legende, dass Ritter Erhard von Polheim gelobte, auf dem Frauenberg die Kirche zu erneuern, wenn sein Sohn aus dem Türkenkriegen unversehrt zurückkäme. Dies geschah und so wurde bald mit der Bautätigkeit begonnen. In der Bauphase trat eine große Dürre ein, es mangelte an Wasser für den Mörtel.

Erhard von Polheim stellte daher den in seinem Schloss gelagerten Wein zum Kirchenbau zur Verfügung und konnte noch kurz vor seinem Tod die Weihe der Kirche durch Bischof Christoph II. von Seckau mitfeiern.
Die gotische Gnadenstatue, die barock überschnitzt wurde, steht heute am Hochaltar und fügt sich harmonisch in das Gesamtbild ein. Es handelt sich dabei um die Darstellung einer gekrönten Maria mit dem Kind, die auf einer Mondsichel steht.

Anreise

Die Autobahn A 9 von Graz kommend bei der Ausfahrt Leibnitz verlassen und ins Zentrum von Leibnitz fahren. Dann der Beschilderung nach Seggau bzw. Frauenberg folgen, die Wallfahrtskirche liegt am Stadtrand und ist überdies von weitem sichtbar.

Wallfahrtskirche zur Hl. Maria in Frauenberg/Leibnitz

Pfarr- und Wallfahrtskirche zum hl. Leonhard und Leonhardsbrunnen (Heiliges Bründl) in Gabersdorf

Gabersdorf ist ein Ort, der in den letzten Ausläufern des oststeirischen Hügellandes in 274 m Seehöhe nahe der Stadt Leibnitz liegt. Funde aus der Römerzeit, wie antike Tonscherben und Gefäße, beweisen, dass die Region alter Kulturboden ist. Auch der sandsteinerne Opferstock beim Kircheneingang soll ein römischer Hausaltar gewesen sein. Von hier stammt der heutige Superior von Mariazell, P. Karl Schauer OSB.

Die Geschichte der Wallfahrtsstätte in Gabersdorf reicht ins Jahr 1318 zurück, als in einer ersten urkundlichen Erwähnung eine hölzerne, dem hl. Leonhard geweihte Kapelle neben dem Leonhardsbründl genannt wird. Sicher ist, dass sich in der Kapelle eine Leonhardstatue befand, die Gegenstand inniger Verehrung von Wallfahrern aus Nah und Fern war. Durch den starken Zustrom von Pilgern war es bald notwendig geworden, die Kirche zu vergrößern, was in der 2. Hälfte des 17. Jahrhunderts tatsächlich geschah. Die Zeit der Bauernaufstände, Türkenzüge, Hexenprozesse und der Pestplage trieb viele Verzweifelte zur Gnadenstätte des hilfreichen Patrons Leonhard nach Gabersdorf, das zu jener Zeit auch ein Umschlagplatz für Nutz- und Schlachtvieh war. Für einen Ort, in dem der Viehhandel eine große Rolle spielt, hätte kaum kein anderer Fürbitter als der hl. Leonhard besser als Schutzpatron gepasst!

Nach 1718 sind keine wesentlichen Veränderungen an der Kirche mehr vorgenommen worden, außer einigen notwendigen Renovierungen und Neugestaltungen, insbesondere auch im 20. Jahrhundert.

Ziel der Wallfahrer war zum einen die Statue des hl. Leonhard auf dem Hochaltar, zum anderen das Bründlheiligtum in Sichtweite der Kirche von Gabersdorf.

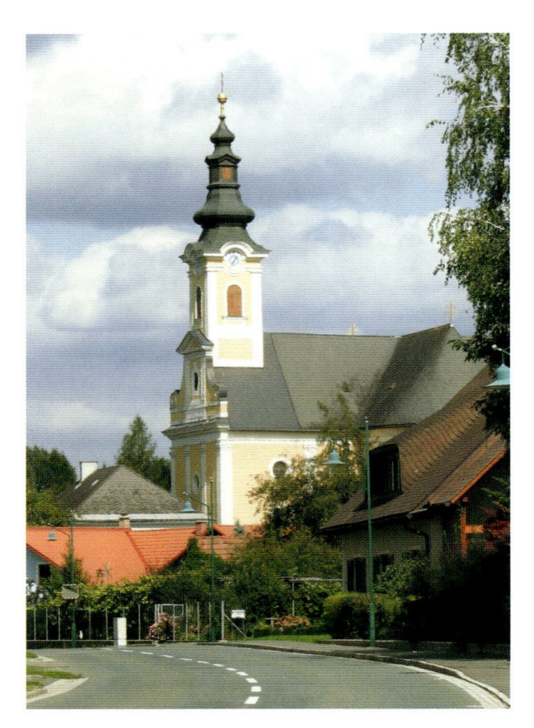

Pfarr- und Wallfahrtskirche zum hl. Leonhard in Gabersdorf

Kirchweg mit Bildstöcken in Gabersdorf

Eine Legende erzählt, dass zwei blinde ungarische Gräfinnen durch Wasseranwendungen aus dem Leonhardbrunnen wieder sehend wurden. Danach kam es zu großen, oft bis zu 5000 Pilgern zählenden Wallfahrten aus der Steiermark, dem heutigen Burgenland und Westungarn. Die Pilger haben den Heiligen für die Erhaltung und Besserung der Sehkraft ihrer Augen, aber auch für die Abwehr von Viehseuchen um Fürbitte angerufen.

Das Wasser der Quelle ist sehr kalt und schmeckt erfrischend, wie wir bei unserem Besuch festgestellt haben. Die Menschen kommen zur Quelle, um das lange haltbare Wasser nach Hause mitzunehmen.

Im Zuge der Ortsbilderneuerung wurden der Kirchplatz und der Kirchweg von der Hauptstraße zur Kirche neu gestaltet. Am Kirchweg wurden im Jahr 2001 fünf Bildstöcke aufgestellt, die vom weststeirischen Bildhauer Alfred Schlosser stammen. Jeder Bildstock hat drei Nischen, in die jeweils eine Heiligenfigur gestellt wurde. Die 15 Heiligen, allen voran der hl. Leonhard, haben eine besondere Beziehung zu Gabersdorf und sollen die Menschen auf dem Weg zur Pfarr- und Wallfahrtskirche auf die kommende Begegnung mit Gott einstimmen.

Anreise

Die Autobahn A 9 von Graz kommend bei der Ausfahrt Leibnitz verlassen, Richtung Wagna fahren und in Wagna Richtung Landscha und Gabersdorf abzweigen.

Leonhardsbrunnen in Gabersdorf

Pfarr- und Wallfahrtskirche zur Schmerzhaften Mutter Maria in Ehrenhausen

Die nach Norden orientierte Kirche zählt nicht nur zu den bemerkenswerten spätbarocken Sakralbauten der Steiermark, sondern beherrscht auch markant den Hauptplatz von Ehrenhausen.
Die heutige Kirche wurde im Jahr 1751 erbaut, nachdem schon vorher ein Gotteshaus in Ehrenhausen bestanden hat. Ein großzügiges Erbe ermöglichte

Pfarr- und Wallfahrtskirche zur Schmerzhaften Mutter Maria in Ehrenhausen

es, zusammen mit Schenkungen und Förderungen der Herrschaft Ehrenhausen, die Kirche zu bauen. Als Baumeister wird der aus Schlesien stammende Johann Fuchs angenommen, der in Marburg sein Atelier errichtet hatte. Er gilt als einer der wichtigsten Baumeister des steirischen Spätbarocks, der in der Kirchenlandschaft der Steiermark deutliche Spuren hinterlassen hat. So ist der Kirchturm in Ehrenhausen ein Meisterwerk, der mit dem pittoresken, aus mehrfach sich verjüngenden Zwiebeln gefügte Helm ein weithin sichtbares Wahrzeichen für den Ort darstellt. Fuchs orientiert sich dabei an Fassadenlösungen des Wiener Baumeisters Lucas von Hildebrandt, die er auf seiner Reise von Schlesien in die Steiermark kennen gelernt hatte.
Der säulengegliederte Hochaltar wurde 1755 von Philip Jakob Straub hergestellt. Im Zentrum befindet sich in einer Nische das spätmittelalterliche, um 1420 aus Steinguss gefertigte Vesperbild, das als Gnadenbild Verehrung findet und Ziel der Wallfahrten nach Ehrenhausen ist. Dieses Gnadenbild ist mit der kleinen Admonter Pietà und der Madonna des Marienaltars von Maria Neustift *(Ptujska Gora)* in Slowenien stilistisch verwandt.

Wer die Marienkirche von Ehrenhausen verlässt, sieht auf der linken Seite in beherrschender Lage auf einer Terrasse über dem Marktplatz das Eggenberg-Mausoleum. Der Bau wurde von Ruprecht von Eggenberg initiiert, der dort mit seinem Neffen Wolff von Eggenberg bestattet ist. Beide waren hohe Militärs, wobei Ruprecht von Eggenberg als General-Feldzugsmeister durch seinen Sieg über die Türken bei Sissek (1593) in die Geschichtsbücher Eingang fand.

Anreise
Die Autobahn A 9 bei der Ausfahrt Vogau/Strass verlassen und über Vogau nach Ehrenhausen fahren.

Göttliche Lebenskraft
Wenn wir den Eucharistischen Herrn
im Glauben in unser Leben aufnehmen,
dann gibt er uns göttliche Lebenskraft.
Wer den Herrn aufnimmt,
der findet damit immer noch einen Weg,
wo andere schon längst vor einer Mauer stehen.
Wer seine Seele mit dem Wort Gottes nährt,
der wird von innen her stark.
(Kardinal Dr. Franz König)

Wallfahrtskirche zum hl. Georg in St. Georgen am Lukowitsch

Die Georgskirche steht ein wenig versteckt etwas außerhalb von Gleinstätten auf einer Hügelkuppe. Sie wurde 1383 erstmals urkundlich erwähnt, ist aber mit Sicherheit wesentlich älter. Sie ist dem hl. Georg, einem bäuerlichen Viehpatron, der insbesondere für die Pferde „zuständig" ist, geweiht. Der kleine gotische Bau besteht aus einem zweijochigen Langhaus mit einem dreigeschossigen Turm im Westen, der einen barocken Zwiebelhelm trägt.

Der Hochaltar stammt aus 1740, die Rokoko-Seitenaltäre sind vom Leibnitzer Bildhauer Casper Puchheim gefertigt worden. Im Zentrum des Altars ist ein Bild des hl. Georg, wie er den Drachen besiegt, andere Bilder zeigen den Tod des hl. Franz Xaver und Mariä Heimsuchung. Besonders schön sind ein Kruzifix aus dem 14. Jahrhundert und eine Statue des hl. Urban.
Der hl. Georg, Märtyrer und einer der 14 Nothelfer, ist im ländlichen Raum von großer Bedeutung. Am Georgitag (23. April) konnten Knechte und Mägde ihren Dienstherren wechseln, Zinsen und Löhne wurden an diesem Tag bezahlt und Pferde gesegnet. Der hl. Georg ist der Patron der Bauern, Soldaten, Reiter, Sattler, Schmiede und Pferde. Er wird um Hilfe bei drohenden Kriegen, Versuchungen, Fieber, Pest und für gutes Wetter angerufen. Wallfahrer kommen am Georgitag, an dem auch eine Pferdesegnung stattfindet, auf den Georgenberg. Messen werden weiters am Oster- und Pfingstmontag sowie am Sonntag nach Allerheiligen gefeiert.

Anreise
Die Autobahn A 2 bei der Ausfahrt Lieboch verlassen, weiter die B 76 bis Deutschlandsberg nehmen und dort auf die B 74 Richtung Leibnitz abzweigen. Auf halbem Weg zwischen Deutschlandsberg und Leibnitz liegt Gleinstätten. Dort Richtung Haslach abbiegen und der grünen, eher unscheinbaren Beschilderung „Georgskirche" folgen.

Wallfahrtskirche St. Georgen am Lukowitsch

Pfarr- und Wallfahrtskirche zur Hl. Maria in Dorn in Preding

Mitten im südweststeirischen Hügelland liegt auf einer sanften Anhöhe über dem Laßnitztal der Ort Preding. Die heutige Pfarr- und Wallfahrtskirche hatte wahrscheinlich schon im 11./12. Jahrhundert eine Vorläuferkapelle, die als Burgkapelle in eine Wehranlage integriert war. Die Entstehungsgeschichte der Kirche liegt allerdings im Dunkel der Vorzeit, fassbarer wird sie, als die Herren von Hornegg die Kirche ausgebaut haben. Auch das Patrozinium „Maria in Dorn" gibt Anlass zu weiteren Überlegungen. Der barocke Volksglaube hat dieses Patrozinium legendenhaft ausgeschmückt und damit seine ursprüngliche Bedeutung überdeckt. Noch in Schriftstücken des 16./17. Jahrhunderts heißt es „Maria im Thurm". Man wusste damals also noch, dass der Ursprung des zur Pfarrkirche ausgebauten Gotteshauses in einer kleinen Kapelle einer längst verschwundenen Burg zu suchen war.

Die Wallfahrtsgeschichte von Preding beginnt nach dem 1. Türkensturm. Als sich die Türken am Rückzug vom missglückten Vorstoß auf Wien (1532) plündernd durch die Steiermark bewegten, wurde Preding überfallen, die Kirche niedergebrannt, die Muttergottesstatue vom Altar gerissen und nach dem Raub achtlos weggeworfen. Die Predinger fanden sie in einem Dornengestrüpp, daneben lag der tote Türke, der den Frevel begangen hatte. An diesem Ort wurde die neue Kirche gebaut, die gotische Marienstatue steht noch heute am Hochaltar. Schon bald setzten Wallfahrtsaktivitäten zur

Pfarr- und Wallfahrtskirche zur Hl. Maria im Dorn in Preding

„Predingerin" ein, ist es doch ein Marienbild, das auf wundersame Weise die Türkenzeit überdauert hatte. Wallfahrer kamen hauptsächlich aus den um-liegenden Ortschaften, dafür allerdings in großer Zahl. Immerhin wird 1691 berichtet, dass die Predinger Kirche für die vielen Wallfahrer zu klein sei. Lange Zeit wurde das Kirchweihfest von „Maria in Dorn" zu Mariä Geburt am 8. September gefeiert, seit 1950 jedoch am 12. September zu Mariä Namen.

Der Rokoko-Hochaltar aus der Mitte des 18. Jahrhunderts ist ein besonderer Glanzpunkt des Gotteshauses, der auch heute noch viele Gläubige nach Preding ruft. Im Zentrum steht die aus dem 15. Jahrhundert stammende Gnadenstatue der Hl. Maria mit dem Jesuskind. Die gotische Statue ist barock überarbeitet und Marias Füße stehen in Anlehnung an die oben geschilderte Legende auf einem Türkenkopf. Maria als Siegbringerin über die Türken ist ein Bild, dem wir auch in anderen Wallfahrtsstätten begegnet sind.
Wer sich in der West- oder Südsteiermark bzw. in Graz und Umgebung aufhält, sollte unbedingt in Preding vorbeischauen. Der himmlische Thronsaal des barocken Kirchenraumes ist wirklich sehenswert, auch der Schrein mit den Reliquien der hl. Faustina, die Ende des 19. Jahrhunderts von Rom über Graz nach Preding gekommen sind, zieht viele Pilger an.

Anreise
Die Autobahn A 9 südlich von Graz bei der Ausfahrt Lebring verlassen und über Schönberg, Matzelsdorf und Schrötten a.d. Lafnitz nach Preding fahren.

Lied über den hl. Florian
O heiliger Sankt Florian
mit frommen Sinn wir kommen an.
Lass' deine Fürsprach uns erfahrn,
das Feuer schwerer Schuld und Sünd.
Dann lösch das Feuer, steh uns bei
auf dass uns Gott sein Gnad verleih.
Geht es dereinst zum letzten End
mach, dass das Herz in Lieb entbrennt.
Zum Vater der Barmherzigkeit
der uns schenkt die ewig Seligkeit.
(Annette Thoma)

Pfarr- und Wallfahrtskirche zum hl. Florian in Groß St. Florian

Im Ort Groß St. Florian im Laßnitztal steht eine Kirche, die schon von weitem sichtbar ist: Die Wallfahrtskirche zum hl. Florian. Sie wurde urkundlich erstmals 1136 erwähnt, zwischenzeitlich mehrmals umgebaut und restauriert und zeigt sich nach der Renovierung von 1900 mit einer Außenfassade im Stil des Historismus.

Der Hochaltar mit seinem reich gegliederten Säulenaufbau erhielt 1732 seine farbliche Fassung. Das Altarbild zeigt den Kirchenpatron, wie er einen Eimer Wasser auf eine brennende Kirche gießt, während die andere Hand zum Segensgestus erhoben ist. Der hl. Florian war römischer Offizier, versah seinen Dienst in der Provinz Noricum und war im christlichen Glauben erzogen worden. Als im Jahre 303 die Christenverfolgung ausbrach, verlangte man von ihm, seinem Glauben öffentlich abzuschwören. Als er dies verweigerte, hing man ihm einen Mühlstein um den Hals und warf ihn in die Enns. Das Stift St. Florian in Oberösterreich steht heute in der Nähe des schrecklichen Ortes, wo Florian den Märtyrertod fand. In der Krypta der Stiftskirche steht jener Mühlstein, mit dem Florian ertränkt wurde.

Pfarr- und Wallfahrtskirche zum hl. Florian in Groß St. Florian

Tragestange mit Statue des hl. Florian

In der Kirche von Groß St. Florian befindet sich in einem kostbaren Schrein eine Reliquie des hl. Florian. Diese wurde im Jahr 1976 vom damaligen Kardinal von Krakau, Karol Wojtyla, später Papst Johannes Paul II., der Kirche in Groß St. Florian zum Geschenk gemacht.
Die Florianikirche ist das Zentrum der Feuerwehrwallfahrt, zu der Mitglieder der Feuerwehren („Florianijünger") aus ganz Österreich kommen (Gedenktag: 4. Mai). Verschiedene Pfade und Wege um die Kirche laden ein, sich mit dem Leben und Sterben des ersten österreichischen Märtyrers und Heiligen näher zu beschäftigen.

Das Feuerwehrmuseum im Ort zeigt die Entwicklung des Feuerwehrwesens in Österreich und rundet den interessanten Gesamteindruck über Groß St. Florian und seinen Kirchenpatron ab.

Anreise
Die Autobahn A 2 auf der Ausfahrt Lieboch verlassen, weiter auf der B 76 Richtung Deutschlandsberg fahren. In Deutschlandsberg Richtung Groß St. Florian abbiegen, nach wenigen Kilometern trifft man im Ort ein.

Es brennt, o heiliger Florian,
heut' aller Orts und Enden.
Du aber bist der rechte Mann,
solch' Unglück abzuwenden.
(Volksweise)

Pfarr- und Wallfahrtskirche zur Schmerzhaften Mutter Maria in Osterwitz

Auf einem Bergrücken der Koralpe liegt in 1140 m Seehöhe die Wallfahrtskirche zur Schmerzhaften Mutter Maria, die von einer alten Kirchhofmauer umgeben ist. Die urkundlich erstmals 1382 genannte Kirche ist ein spätgotischer Bau mit barocken Seitenschiffanbauten. Der mächtige gotische Kirchturm trägt einen Zwiebelhelm.

Der klassizistische Hochaltar (1790) beherbergt die spätgotische, um 1500 gefertigte Gnadenfigur. Es handelt sich dabei um eine Pietà, eine Schmerzhafte Muttergottes mit dem toten Jesus am Schoß, beide gekrönt und unter dem Kreuz. Diese Pietà wurde der Legende nach in einem Waldstück gefunden. Da sie bei einem Brand unversehrt blieb, schrieb man ihr Wunderkräfte zu und errichtete an dieser Stelle die heutige Kirche. Dieses Gnadenbild wird im Volksmund auch „Maria Siebenschmerzen" genannt und ist heute noch das Ziel von vielen Wallfahrern. Beweggründe sind zumeist persönliche Anliegen und Dankabstattungen nach Gebetserhörungen.

Pfarr- und Wallfahrtskirche zur Schmerzhaften Mutter Maria in Osterwitz

In der Kirche von Osterwitz gibt es ein harmonisches Miteinander von alt und neu: Der im Jahr 1990 vom steirischen Künstler Werner Schimpl geschaffene Hauptaltar mit Ambo aus einer bemerkenswerten Stein-Metall-Arbeit fügt sich auf wunderbare Weise in das mit Barock- und Rokokogegenständen eingerichtete Kircheninnere.
Wallfahrtstage sind der 4., 5. und 6. Sonntag nach Ostern.

Anreise
Die Autobahn A 2 bei der Ausfahrt Lieboch verlassen, auf der B 76 weiter Richtung Deutschlandsberg fahren. Beim 1. Kreisverkehr in Deutschlandsberg Richtung Hebalm abbiegen, nach einigen steilen Wegstrecken und gewundenem Straßenverlauf kommt man zur Abzweigung nach Osterwitz, das man nach wenigen Kilometern erreicht.

Beten ist, wenn der Mensch mit Gott spricht.
Meditation ist, wenn Gott mit dem Menschen spricht.
(Unbekannter Verfasser)

Wallfahrtskirche zum hl. Wolfgang in St. Wolfgang ob Hollenegg

Die kleine, auf einer Hügelkuppe zwischen den Schlössern Deutschlandsberg und Hollenegg malerisch gelegene Bergkirche liegt in 767 m Seehöhe und begeistert jeden schon von Weitem, der sich ihr nähert. Sie ist ein wesentlicher Bestandteil der Kulturlandschaft des weststeirischen Schilcherlandes.
Die ursprüngliche Wolfgang(i)kirche wurde 1494 erbaut, von der heute nur der Chor erhalten ist. Nach mehreren Umbauten und Renovierungen in den letzten Jahrhunderten erhielt sie ihr jetziges charakteristisches Aussehen.
Bemerkenswert ist der Hochaltar aus dem 17. Jahrhundert. Er zeigt ein Bild des hl. Wolfgang und der Gottesmutter, die aus der Zeit der Errichtung des Altars stammen dürften.
Der hl. Wolfgang, dessen Gedenktag am 31. Oktober gefeiert wird, ist ein wichtiger und im ländlichen Bereich häufig verehrter Heiliger. Er ist Patron der Hirten, Holzarbeiter, Köhler, Zimmerer und Bildhauer sowie des Viehs. Er

Wallfahrtskirche St. Wolfgang ob Hollenegg

wird um Hilfe bei Gicht, Lähmungen, Schlaganfall, Hauterkrankungen und Entzündungen („Wolf") sowie bei Augenkrankheiten angerufen.
Von der Wallfahrtskirche St. Wolfgang hat man eine herrliche Fernsicht, die an schönen Tagen bis weit ins Land hineinreicht. Rund um die Kirche wurde ein Meditationsweg mit einem Panorama-Rondell angelegt, ebenso ein Pilgerweg, der vom Bahnhof Hollenegg über den Park des gleichnamigen Barockschlosses und die Klementkapelle zur Wolfgang(i)kirche führt.

Unweit von St. Wolfgang liegt der Ort **Eibiswald** mit seiner interessanten Marienkirche, die früher eine Wallfahrtskirche war. Eibiswald liegt am Nordhang eines zur Saggau abfallenden Hügels, an der Straße zum Radlpaß, einem wichtigen Grenzübergang nach Slowenien.
Die Kirche wurde urkundlich bereits 1170 erwähnt, die ursprünglich romanische und später gotische Kirche wurde 1678 von Jakob Schmerlaib aus Leibnitz barockisiert.
Der Hochaltar von 1779 stammt von Leopold Weinhauer und trägt als Gnadenbild eine Pietà (1510), die barock überschnitzt wurde. Eine reiche Kanzel mit Reliefs, Seitenaltäre und eine Reihe von Statuen und Bildern sind weitere Sehenswürdigkeiten, die noch immer vereinzelt Pilger nach Eibiswald locken.

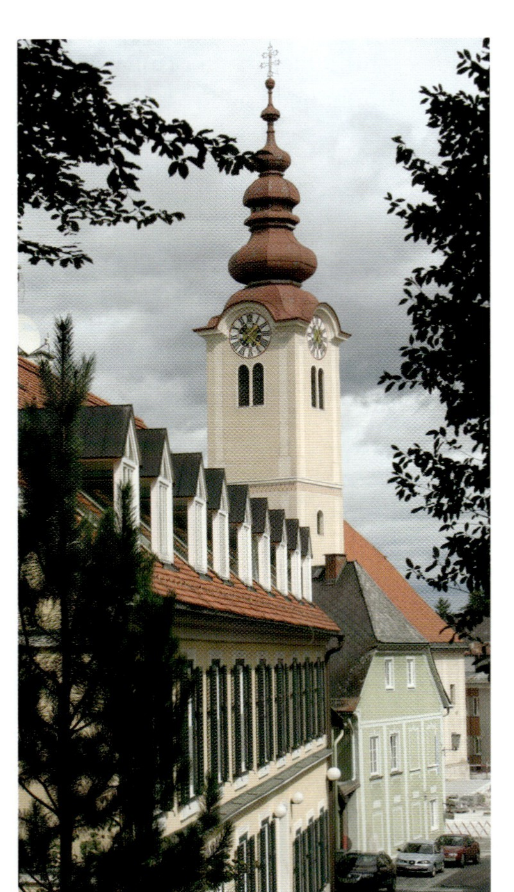

Anreise

Die Autobahn A 2 bei der Ausfahrt Lieboch verlassen, weiter auf der B 76 Richtung Deutschlandsberg fahren. Unmittelbar nach Deutschlandsberg zweigt man nach Hollenegg ab, im Ort führt eine beschilderte Straße auf die Anhöhe bis zur Wolfgangkirche.
Von St. Wolfgang kommt man nach Eibiswald, indem man zuerst nach Hollenegg, dann auf der B 76 Richtung Schwanberg und weiter nach Eibiswald fährt.

Pfarrkirche zur Hl. Maria in Eibiswald

Pfarr- und Wallfahrtskirche zur hl. Anna in St. Anna ob Schwanberg

Wer den steilen Weg von Schwanberg zur kleinen Kirche St. Anna hinaufgeht oder fährt, wird von der Ruhe und Schönheit des Ortes begeistert sein. In beherrschender Lage in 1038 m Höhe steht die Annenkirche, die ein markantes Äußeres hat.

Der heute überwiegend gotische Bau wurde urkundlich erstmals 1498 erwähnt und erlebte seither einige Umbauten. Auffallend ist der Turm, der nach einem Sturmschaden beschädigt und renoviert, dann erhöht und schließlich wieder verkürzt wurde. Er ist heute mit einem flachen Zeltdach versehen, was der Kirche ein eigentümliches Aussehen verleiht.

Im Inneren finden wir gotische Fresken und einen Hochaltar, der von Graf Raimund Saurau 1778 gestiftet wurde. Mehrere Altäre und ein sechsarmiger Metall-Hängeleuchter, ein Geschenk von Kaiser Karl VI. (1731), prägen das Innere.

Anreise
Die Autobahn A 2 bei der Ausfahrt St. Andrä verlassen, weiter auf der B 80 bis nach Lavamünd fahren.
Dort auf die B 69 Richtung Eibiswald abbiegen, in Eibiswald auf die B 76 abzweigen. Diese in Schwanberg verlassen und die steile Straße nach St. Anna fahren.

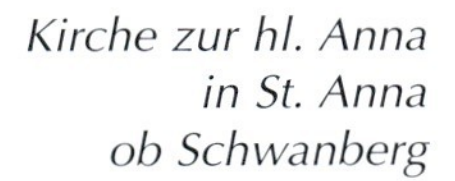

Kirche zur hl. Anna in St. Anna ob Schwanberg

Pfarr- und Wallfahrtskirche zum Gegeißelten Heiland in Wies

Die Wallfahrtsgeschichte von Wies beginnt im Jahre 1757, als eine Statue des Heilands an der Geißelsäule vom nahen Altenmarkt in eine Kapelle nach Wies übertragen wurde. Die Statue ist eine Kopie des Originals aus der Wieskirche von Steingaden in Oberbayern, die zu den bedeutendsten Bauwerken des bayrischen Rokoko zählt.

Als die Verehrung des „Gegeißelten Heilands" in der kleinen Kapelle rasch zunahm, entschloss sich Reichsgräfin Maria Anna von Herberstein eine Kirche für die Statue bauen zu lassen. Sie betraute den Baumeister Johann Fuchs aus Marburg mit dem Bau. Fuchs schuf das Gotteshaus im spätbarocken Baustil in den Jahren 1774 bis 1782, der Turm wurde 1800/01 errichtet.
Rasch verbreitete sich der Ruf der Wieser Kirche. Am „Einsetzsonntag", das ist der Sonntag vor dem Michaelifest am 29. September, erreichte die Wallfahrt ihren Höhepunkt. Die Wallfahrer kommen bis heute nicht nur aus der unmittelbaren Region, sondern auch aus entfernteren Gebieten der Steiermark, Kärntens und Sloweniens nach Wies.

Hochaltar mit Statue des Gegeißelten Heiland von Wies

Der spätbarocke Gesamteindruck des Kircheninneren wird im Wesentlichen vom Hochaltar, der Kanzel, von der Weite des Innenraumes und dem schönen schwarz-weißen Marmorboden bestimmt.
Der Hochaltar (1780) beherbergt die Gnadenstatue des „Gegeißelten Heilands", die in einer Nische inmitten der mächtigen Altarwand steht. Sehenswert ist die Kanzel. Fünf ausdrucksvolle Figuren auf dem Sockelgesims der Kanzel stellen Moses mit den Gesetzestafeln und die vier Evangelisten mit ihren Symbolen dar: Matthäus (Engel), Markus (Löwe), Lukas (Stier) und Johannes (Adler).
Eine Besonderheit in der Kirche ist das „Prager Jesulein", eine Kopie jenes

Pfarr- und Wallfahrtskirche zum Gegeißelten Heiland in Wies

Prager Jesulein in der Wallfahrtskirche von Wies

Originals vom Ende des 19. Jahrhunderts, das sich in der Prager Kirche „Maria vom Siege" befindet. Die Verehrung des Prager Jesulein nahm besonders nach dem Dreißigjährigen Krieg zu. Missionare aus Böhmen fertigten Kopien der Statue an, sodass dessen Abbilder auf der ganzen Welt anzutreffen sind. Es war zum „liebsten Christkind der Welt" geworden.

Termine, zu denen Pilger nach Wies ins Sulmtal kommen, sind das Herz-Jesu-Fest (3. Sonntag nach Pfingsten), der Einsetzsonntag (Sonntag vor dem Michaelifest am 29. September), das Fest der hl. Barbara (4. Dezember) und Maria Geburt (2. Sonntag im September).

Wenige Kilometer von Wies entfernt Richtung Gleinstätten und Leibnitz liegt der Ort **Pölfing-Brunn**. Die alte Bergwerkssiedlung hat eine junge Kirche Maria Königin, erbaut 1957 bis 1959, die in ihrer schlichten Modernität ein interessantes Pilgerziel ist. Auch der Schaubergwerksstollen und eine von Schülern gestaltete Barbarakapelle zum Gedenken an die verunglückten Bergleute laden zum Besuch ein.

Pfarrkirche Maria Königin in Pölfing-Brunn

Anreise

Die Autobahn A 2 bei der Ausfahrt Lieboch verlassen, weiter auf der B 76 Richtung Deutschlandsberg und weiter Richtung Eibiswald. Wenige Kilometer vor Eibiswald zweigt man nach Wies ab. Pölfing-Brunn erreicht man von Wies, indem man Richtung Gleinstätten fährt, wenige Kilometer nach Wies liegt Pölfing-Brunn.

Ende und Anfang

„Lasst uns dieses Fest, das herrlichste aller Feste, voller Freude begehen. Ein Tag des Glanzes – die Auferstehung des Herrn. Wir wollen ihn gemeinsam begehen, voller Jubel, voll Andacht: der Herr ist auferstanden …" So jubelt vor etwa 1650 Jahren Johannes Chrysostomus.

Und heute? Für sein umstrittenes Buch „Ein Mensch namens Jesus" recherchierte der Wissenschaftsjournalist Gerald Messadié zehn Jahre, dann schrieb er im letzten Kapitel dieses Romans: „So rief er Thomas zu sich. Er konnte sich ein Lächeln nicht verwehren, als er ihn auf sich zukommen sah: ein einziges Knäuel aus Zweifel und Dickköpfigkeit."
„Lass dich nicht mehr in die Irre leiten, Thomas! Körper und Seele sind eins."
„Wo gehst du hin?" fragte Thomas.
„Folge meinen Worten, das ist alles!"
„Wo gehst du hin? Ich habe ein Recht darauf, es zu wissen."
„Ostwärts."
Er winkte den anderen, und sie liefen herbei.
„Denkt daran, das Ende ist ein Anfang!"
Dann drehte er sich um und ging am Ufer entlang davon. Sie sahen ihm nach, bis es ihnen schien, als würde er die Straße nach Norden einschlagen, und er ihren Augen entschwand.

„Er ist also wirklich von den Toten auferstanden", murmelte Thomas.
„Nur dem Sohn Gottes war das möglich", nickte Simon Petrus. Sie sortierten die Fische und kehrten mit ihren Netzen in die Stadt zurück.

Für die Welt, die dunkel,
in Leid verloren, ein Licht
zu bringen, bist du geboren.
(Unbekannter Verfasser)

Wallfahrtskirche zur hl. Radegundis und heiliges Bründl in Heiligenwasser/Kainach-Gallmannsegg

In der Nähe des Lippizanergestüts Piber liegt auf einem Höhenrücken bei Kainach die der hl. Radegund geweihte kleine Wallfahrtskirche mit einer heilkräftigen Quelle.

Am Beginn der Wallfahrtsgeschichte zum heiligen Wasser steht eine Legende: Eine alte blinde Frau kam zur Radegundisquelle, benetzte ihre Augen mit dem Wasser und betete, dass sie ihr Augenlicht wieder erlangen möge. Und siehe, das Wunder geschah. Seither verehrte man den Platz, obwohl schon lange vorher in römischer Zeit dort ein Quellheiligtum bestanden haben dürfte.

In der 1669 geweihten Kirche mit dem Hochaltar aus der Werkstatt von Balthasar Prandtstätter (1730/1750) gibt es ein interessantes Votivbild, das die Entstehung der Wallfahrt nach Heiligenwasser zeigt. Votivgaben dankbarer Pilger bescheinigen dem Wasser heilkräftige Wirkung bei Augenleiden und Hauterkrankungen sowie zur erfolgreichen Bekämpfung von Tierseuchen. In der kleinen Bründlkapelle mit dem hölzernen Türmchen steht eine grobe barocke Arbeit, ein Gnadenstuhl, das Wasser rinnt aus der Brust Christi. Pilger kommen zu allen Zeiten zum heiligen Bründl, besonders jedoch am Ostersonntag, Pfingstsonntag, Augustinisonntag und zu Mariä Himmelfahrt.

Anreise

Von Norden kommend: Die Autobahn A 9 bei der Ausfahrt Mooskirchen verlassen, auf der B 70 Richtung Voitsberg weiter fahren. In Voitsberg auf die B 17 Richtung Bärnbach abbiegen und weiter Richtung Kainach/Gallmannsegg. Ab einer Abzweigung folgt man dem beschilderten Weg „Zum Heiligen Wasser", schließlich kommt man zum Bründlheiligtum.

Von Süden kommend: Die Autobahn A 9 bei der Ausfahrt Packsattel verlassen, auf der B 70 Richtung Köflach und Voitsberg fahren. Von Voitsberg weiter, wie oben beschrieben.

Bründlkapelle in Heiligenwasser

Wallfahrtskirche zur hl. Radegundis in Heiligenwasser/Kainach-Gallmannsegg

Pfarrkirche zur hl. Barbara („Hundertwasserkirche") und Mosesbrunnen in Bärnbach

Die Barbarakirche in Bärnbach ist Teil eines Gesamtkunstwerks, sowohl was das äußere Erscheinungsbild als auch die Inneneinrichtung sowie die Umgebung der Kirche betrifft. Zwar ist sie keine Wallfahrtskirche im eigentlichen Sinn, doch zieht die Kirche nach dem letzten großen Umbau zahlreiche Gläubige, Pilger und Besucher an, welche die „Hundertwasser-Kirche" kennenlernen wollen.

Bärnbach, die Industriestadt mit traditionellem Kohlebergbau, einer Glasfabrik und einer Ziegelei, hat dadurch ein neues Wahrzeichen bekommen, das sowohl als Kunstwerk als auch als Ort der Besinnung ein gleichzeitig künstlerischer und religiöser Mittelpunkt ist.

Auf den Mauern einer 1948/52 erbauten ersten Barbarakirche wurde die Neugestaltung vom Architekten Manfred Fuchsbichler nach dem künstlerischen Gestaltungskonzept von Prof. Friedensreich Hundertwasser in den Jahren 1987/88 durchgeführt. Nunmehr erstrahlt die Kirche in neuem Glanz, neuen Farben und Formen in einer neu gestalteten Umgebung. Das Gebiet um die Kirche mit den unebenen Gehwegen wurde zum „Heiligen Bezirk" erklärt, in dem 12 Tore der großen Religionen und Kulturen zum Durchschreiten und Nachdenken einladen.

Die ursprüngliche, streng gestaltete Kirche wurde durch rundliche Gliederungen an den Ecken des Gebäudes gebrochen. Kunstvolle Keramikmosaike und farbig abgesetzte Flächen sowie ein bunt gestaltetes Ziegeldach mit vergoldeten Dachkuppeln und der Turmzwiebel bilden wesentliche Elemente der Umgestaltung.

Im Kircheninneren sind mehrere Werke heimischer zeitgenössischer Künstler vorzufinden, die Arbeiten von Hundertwasser (Altarnische, Taufstätte) ergän-

Ich aber sage dir:
Du bist Petrus, und auf diesen Felsen werde ich meine Kirche bauen,
und die Pforten der Hölle werden sie nicht überwältigen.
Dir will ich die Schlüssel des Himmelreiches geben.
Was du auf Erden binden wirst, wird auch im Himmel gebunden sein,
und was du auf Erden lösen wirst, wird auch im Himmel gelöst sein.

(Mt 16, 16-19)

Pfarrkirche zur hl. Barbara in Bärnbach

zen den interessanten Eindruck, den die staunenden Besucher der Barbarakirche von Bärnbach erleben.

Sehenswert ist auch der nahe gelegene Mosesbrunnen im Stadtpark von Bärnbach. Er ist ein Werk von Prof. Ernst Fuchs und stellt eine Ergänzung zur Barbarakirche dar. Das Becken des Brunnens ist mit 144.000 Glasmosaikteilchen und 420.000 Kieselsteinen ausgestaltet. Auf dem mit 3.600 Glasprismen verkleideten Sockel steht die Figur des Moses, die mit Blattgold belegt ist.

Anreise
Von Norden kommend: Die Autobahn A 9 bei der Ausfahrt Mooskirchen verlassen, die B 70 Richtung Voitsberg nehmen. In Voitsberg Richtung Bärnbach weiter fahren, zur Barbarakirche der Beschilderung im Ort folgen.
Von Süden kommend: Die Autobahn A 9 bei der Ausfahrt Packsattel verlassen, auf der B 70 Richtung Köflach und Voitsberg fahren. Von Voitsberg weiter, wie oben beschrieben.

Mosesbrunnen in Bärnbach

Pfarr-, Wallfahrts- und Franziskanerklosterkirche Mariä Heimsuchung in Maria Lankowitz

Die Entstehungslegende der Wallfahrtsstätte Maria Lankowitz führt uns ins Jahr 1426 zurück. Damals hatten die Türken auf einem ihrer Raubzüge sämtliche Kirchenschätze der Pfarrkirche von Warth gestohlen, darunter auch ein Muttergottes-Gnadenbild, das große Verehrung genoss. Die unbekleidete Statue warfen die Räuber in einen Dornbusch.

Viele Jahre später suchte ein Hirte seine Ochsen, die sich verlaufen hatten. Er fand sie schließlich vor jenem Dornbusch kniend, in dem die vergessene Marienstatue lag. Das Bildnis wurde auf einen Ochsenkarren gelegt. Die Tiere liefen drei Tage und Nächte ohne Futteraufnahme bis nach Lankowitz und blieben vor einer Linde stehen. An dieser wurde das Bildnis vorerst einmal befestigt. Wegen der zahlreichen Gebetserhörungen entwickelte sich der heilige Baum zur ersten Gnadenstätte. Das Jahr 1433, in dem sich das Ereignis zugetragen haben soll, gilt daher als Gründungsjahr der Wallfahrtsaktivitäten in Maria Lankowitz.

Um der Gnadenstätte eine neue Heimstatt zu geben, erhielt Georg Ritter von Gradner von Kaiser Sigismund die Erlaubnis zum Bau eines Gotteshauses. Somit konnte der Bau des Franziskanerklosters mit Kirche im Jahr 1455 begonnen und im Jahr 1468 geweiht

Wallfahrtsfahne von Maria Lankowitz

Pfarr-, Wallfahrts- und Franziskanerklosterkirche in Maria Lankowitz

werden. Die heutige Wallfahrtskirche erbaute der Leibnitzer Baumeister Jakob Schmerlaib 1678-1681, der charakteristische Turm wurde 1870 errichtet.

Das Gnadenbild, eine kleine gotische Maria mit dem Jesuskind, stammt aus dem 15. Jahrhundert und ziert den prächtigen Hochaltar, der von Veit Königer errichtet wurde. Nach gründlichen Überprüfungen der bis dahin geschehenen Wunder und Gebetserhörungen hat Papst Innozenz XII. dieses Gnadenbild für „wundertätig" erklärt.
Neben dem Hochaltar sind in der Wallfahrtskirche noch die St. Anna-, die Josefs- und die Franziskuskapelle sowie die Kanzel von einer bemerkenswerten Schönheit. Auch die Schatzkammer mit den Votivgaben der dankbaren Pilger, die einen alten Barbara-Altar beherbergt, ist sehenswert.

Maria Lankowitz ist ein weithin bekanntes Ziel für Bittprozessionen und Wallfahrten. Am bekanntesten ist die Fußwallfahrt von Obdach, von wo seit 1690 regelmäßig viele Hundert Menschen über die Stubalm nach Maria Lankowitz pilgern. Auch aus den umliegenden Gemeinden kommen die Pilger, besonders am Kirchweihfest (2. Juli), das am darauf folgenden Sonntag als großes Patroziniumsfest mit Prozession gefeiert wird. Fatima-Feierlichkeiten finden an jedem 13. des Monats statt.

Anreise

Die Autobahn A 2 bei der Ausfahrt Mooskirchen verlassen, auf die B 70 Richtung Voitsberg und Köflach fahren. In Köflach auf die B 77 Richtung Gaberl/Judenburg abbiegen und der Beschilderung nach Maria Lankowitz folgen. Schon nach wenigen Kilometern ist die beschilderte Abzweigung zur Wallfahrtskirche Maria Lankowitz.

Auch die Nacht hat ihre Wunder

Nicht nur der lichte Tag, auch die Nacht hat ihre Wunder.
Es gibt Blumen, die nur in der Wildnis gedeihen, Sterne,
die nur am Horizont der Wüste erscheinen.
Es gibt Erfahrungen der göttlichen Liebe,
die uns nur in der äußersten Verlassenheit,
ja am Rande der Verzweiflung, geschenkt werden.
(Gertrud von le Fort)

Wallfahrtskirche zum hl. Johannes d.T. in St. Johann am Kirchberg/Maria Lankowitz

Viele Wallfahrer, die Maria Lankowitz besuchen, „nehmen" auch die ganz nahe gelegene Wallfahrtskirche in St. Johann am Kirchberg mit. Die urkundlich 1394 erstmals erwähnte Johanneskirche wurde 1525 zu einer spätgotischen Kirche umgewandelt, die bis 1786 zu Köflach gehörte und seit damals eine Filialkirche von Maria Lankowitz ist.

Sehenswert ist in der Kirche der aus dem Jahr 1750 stammende Hochaltar mit Umgangsportalen. Das Altarblatt zeigt die Taufe Christi und ist von Statuen der Heiligen Johannes Evangelist, Johannes d.T., Martin und Johann Nepomuk umgeben. Die aus dem 18. Jahrhundert stammende Orgel ist noch mit dem originalen Spielwerk ausgestattet und wird mit interessant bemalten Flügeltüren verschlossen. Das Johannes-Heiligtum steht etwas im Schatten der nahen Wallfahrtskirche von Maria Lankowitz, ist aber schon auf Grund der bemerkenswerten Innenausstattung und der Ruhelage am Berg ein lohnendes Ziel für Wallfahrer, besonders am 24. Juni zu Johannes.

Ein Wallfahrtsweg führt von Maria Lankowitz aus dem Tal herauf und bietet immer wieder Plätze mit wunderbarer Fernsicht und zum Verweilen im Gebet.

Anreise

Vor dem Haupteingang der Kirche von Maria Lankowitz steht auf der Kreuzung ein kleiner grüner Wegweiser nach St. Johann. Einfach diesem folgen, nach einigen (steilen) Kilometern steht man vor der Kirche St. Johann.

Pfarr- und Wallfahrtskirche zum hl. Johannes d.T. in St. Johann am Kirchberg/Maria Lankowitz

Wallfahrtskapelle Maria Kaltenbrunn und heiliges Bründl in Leoben-Göss

Die zweitgrößte Stadt der Steiermark, Leoben mit etwa 30.000 Einwohnern, ist nicht nur eine berühmte Universitätsstadt, sondern bietet den Besuchern auch viele Sehenswürdigkeiten. Kultur und Brauchtum haben hier einen hohen Stellenwert.
Am Rande von Göss, einem Stadtteil von Leoben, liegt das kleine Kirchlein „Maria Kaltenbrunn" mit seinem hölzernen Glockenturm am Ufer eines Baches in romantischer Waldlage. Die Quellfassung befindet sich in einer gemauerten Felsnische hinter der Kapelle.

Die erste Erwähnung von Maria Kaltenbrunn erfolgte am Beginn des 19. Jahrhunderts, tatsächlich dürfte der heilige Platz schon viel früher, in keltischer Zeit, als Quellheiligtum genützt worden sein. Wallfahrer kommen zur Madonna mit dem Kind und danken für das heilende Wasser mit Votivbildern und Wachsvotiven, die sie an die Marienstatue hängen. Das Wasser soll bei den unterschiedlichsten Krankheiten helfen. Augenleiden, Rheuma, Gicht und Herz-Kreislauferkrankungen sind auch

Wallfahrtskapelle Maria Kaltenbrunn in Leoben-Göss

Gnadenmutter Maria Kaltenbrunn (15. Jhdt.)

heute noch Gründe, das Bründl aufzusuchen.
Wie uns eine gerade anwesende ältere Dame berichtete, hätte sie seit dem regelmäßigen Genuss des Wassers vom heiligen Bründl die Dosis ihrer Medikamente gegen Bluthochdruck halbiert, ohne dass dies zu einem Anstieg ihrer Blutdruckwerte geführt hätte.
Radiästhetische Untersuchungen des Platzes haben ergeben, dass Maria Kaltenbrunn ein Ort besonderer Kraft wäre, die sensible Menschen verspüren können. Auch die Tatsache, dass schon die Kelten das Quellheiligtum gekannt haben dürften, die im intuitiven Erfassen der Kräfte der Natur besondere Fähigkeiten hatten, verleiht dem Wasser etwas Mystisches. Für uns ist diese Bründlkapelle, wie so viele andere, die wir kennen gelernt haben, ein besonderer Ort der Stille und der Nähe zur Natur, zu den Bäumen und zum Wasser. Hier ist ein idealer Platz um innezuhalten und sich zu sammeln um mit neuer Kraft den Weg des Glaubens weitergehen zu können.
Am Heimweg sollte man unbedingt in Leoben-Göss das ehemalige Benediktiner-Nonnenstift, das erste steirische Kloster (um 1000 gegründet) und das Braumuseum besuchen.

Anreise

Die Schnellstraße S 6 bei der Ausfahrt Leoben-Ost verlassen, Richtung Zentrum fahren, dann kommt man durch den Stadtteil Göss. Bei der Kreuzung beim (ehem.) Kloster Göss rechts in die Kaltenbrunner Straße einbiegen, nach einigen Kilometern kommt man zur Kapelle Maria Kaltenbrunn.

Wallfahrtskirche Maria Sieben Schmerzen in St. Peter-Freienstein

Auf einem steilen Felsen oberhalb des Ortes thront die Wallfahrtskirche Maria Freienstein, die 1661 – 1663 von den Jesuiten erbaut wurde. Die Kirche wurde anstelle der mittelalterlichen Burg Leoben am Freienstein errichtet, wobei einige Bauteile der Burg in die Kirche integriert wurden (Torgebäude, Rundturm). Die Jesuiten folgten damit der Tradition vieler Orden, über eine eigene Wallfahrtskirche zu verfügen.

Sehenswert sind der mit 1663 datierte Hochaltar mit Knorpelwerkornamentik, der Rokoko-Tabernakel, Mirakelbilder und sieben Gemälde, welche die sieben Schmerzen Mariens darstellen.
Das Gnadenbild „Maria von Herzen" ist die geschnitzte Version eines Bildes, das der Ordensgründer, der hl. Ignatius von Loyola, bei sich getragen haben soll. Zu ihr sind die Wallfahrer ab dem 17. Jahrhundert nach St. Peter gezogen. Eine Reihe von Votivtafeln, die von Gebetserhörungen berichten, bezeugen die Dankbarkeit der Pilger für die erwiesene Hilfe.

Anreise
Die Schnellstraße S 6 bei der bei Ausfahrt Leoben-Ost verlassen und die B 115 Richtung Eisenerz weiter fahren. Schon nach wenigen Kilometern erreicht man St. Peter-Freienstein. Die Wallfahrtskirche auf dem Felshügel ist schon von weitem sichtbar.

Wallfahrtskirche Maria Sieben Schmerzen in St. Peter-Freienstein

Pfarr- und Wallfahrtskirche zum hl. Antonius von Padua in Radmer

Die imposante Wallfahrtskirche mit ihrer Doppelturmfassade steht etwas erhöht auf einem Hügel in Radmer, das in früherer Zeit durch seinen Kupfer- und Eisenbergbau einige wirtschaftliche Bedeutung erlangt hatte.
Die Gründung der Kirche, die durch eine Stiftung des späteren Kaisers Ferdinand II. möglich wurde, fällt in die Zeit der Gegenreformation. Sie wurde von 1600 bis 1603 nach dem Muster der Kirche von Padua von Baumeister Hans Ressl erbaut. Die Pläne dürften vom Grazer Hofarchitekten Giovanni de Pomis stammen.
Der gesamte Innenraum ist mit Szenen aus dem Leben des hl. Antonius von Padua ausgemalt, 1727 entstand der bemerkenswerte Säulenhochaltar mit dem Altarbild des Heiligen aus dem Jahr 1602. Es soll aus der Grazer Hofschatzkammer stammen.
Der hl. Antonius ist ein sehr populärer Heiliger, der 1195 in Lissabon geboren wurde. Bereits mit 15 Jahren wurde er Augustiner Chorherr, dann wechselte er zu den Franziskanern. Er war zuerst als Missionar in Nordafrika, später als Prediger in Frankreich und Italien tätig. Zuletzt lebte er in Padua und starb 1231 im Alter von 36 Jahren. Nur 11 Monate nach seinem Tod wurde er in den Kreis der Heiligen aufgenommen.

Zu allen Zeiten wurden die Wallfahrer vom genannten Antoniusbild in der Kirche und dem Antoniusbrunnen vor der Kirche angezogen. Der Brunnen wurde 1682 gefasst und trägt eine geschnitzte Figur des Heiligen, sie stammt aus der Hand des Grödner Schnitzers Stuffleser. Der Brunnen hat zwar kein trinkbares Wasser, dafür wird er als Heiratsorakel verwendet bzw. wird dort der hl. Antonius angerufen, wenn man Verlorenes unbedingt wieder haben will.

Anreise
Von Norden kommend: Die Autobahn A 9 bei der Ausfahrt Ardning verlassen, auf der B 146 Richtung Admont und dann nach Hieflau weiterfahren, wo man auf die B 135 Richtung Eisenerz abzweigt. Nach wenigen Kilometern biegt man nach Radmer ab, wo man zur Wallfahrtskirche im Ortsteil „An der Stube" kommt.
Von Süden kommend: Die Schnellstraße S 6 bei der Ausfahrt Leoben-Ost verlassen, auf der B 115 Richtung Eisenerz und Hieflau fahren. Einige Kilometer vor Hieflau biegt man nach Radmer ab, wo man zur Wallfahrtskirche im Ortsteil „An der Stube" kommt.

Pfarr- und Wallfahrtskirche zum hl. Antonius von Padua in Radmer

Die Evangelisten

Irgendwo haben wir das Wort eines Bischofs gelesen, der sagte: „Ein Volk und ein Land sind dann christlich, wenn in jedem Haus ein Kreuz hängt, vor dem sich die Familie versammelt, um ein Stück aus der Heiligen Schrift zu lesen." Zu den Heiligen Schriften des Neuen Bundes (27) zählen die vier Evangelien (*Evangelium* = Frohbotschaft, gute Nachricht), die von vier Evangelisten geschrieben wurden deren Symbole in vielen Gotteshäusern in oft künstlerisch sehr wertvollen Darstellungen zu sehen sind.

Matthäus (Symbol: Mensch, Engel) war vor seiner Berufung zum Apostel Zollbeamter in Kapharnaum. Hauptzweck seiner Schrift: der Nachweis, dass Jesus der von den Propheten verheißene Messias ist.

Markus (Symbol: Löwe) stammte aus Jerusalem, hörte dort die Predigt des Petrus und wurde von ihm für das Christentum gewonnen. Man kann somit das Markusevangelium als die schriftlich niedergelegte Predigt des Petrus bezeichnen.

Lukas (Symbol: Stier) gilt als der Gebildetste unter den Evangelisten und dürfte in seinem bürgerlichen Beruf als Mediziner gewirkt haben. Sein Evangelium ist ebenso wie auch die Apostelgeschichte einem vornehmen Heidenchristen namens Theophilus gewidmet. Lukas zeigt Jesus als den hilfsbereiten, barmherzigen Menschenfreund.

Johannes (Symbol: Adler) wurde von Jesus zugleich mit Andreas zur Nachfolge berufen, gilt als der „Lieblingsjünger" und jener Apostel, der unter dem Kreuz ausharrte. Soweit aus der Tradition bekannt, dürfte er der einzige Apostel sein, der nicht als Märtyrer starb.

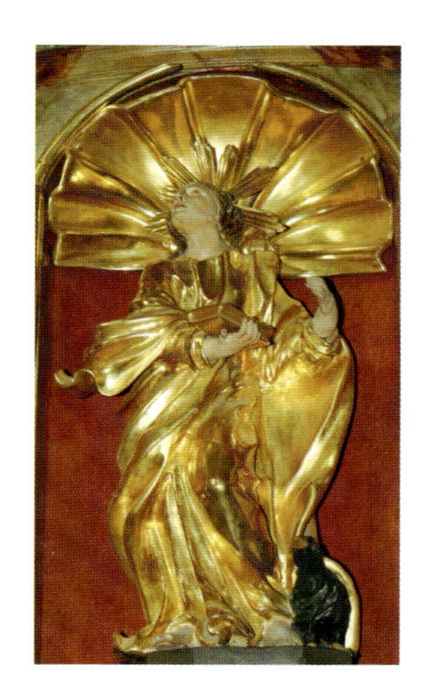

Die vier Evangelisten aus der Wallfahrtskirche in Radmer

Herr, hilf uns, dass wir mehr
danach trachten, zu verstehen,
als verstanden zu werden.
(Aus einem Gebet des hl. Franz von Assisi)

Pfarr-, Wallfahrts- und Abteikirche Basilika Mariä Himmelfahrt in der Benediktinerabtei Seckau

Seckau wird 1140 als Augustiner-Chorherrenstift gegründet und bestand in dieser Form bis zu den josefinischen Kirchenreformen im Jahr 1782 als es aufgelöst wurde. Erst 1883 wird das Stift wieder besiedelt, diesmal von Benediktinern. Seit 1887 ist Seckau eine Abtei.

Die Errichtung der ersten Stiftskirche der Augustiner-Chorherren zog sich bis 1164 dahin, 1218 wurde die romanische Kirche zum Dom und Bischofsitz der Diözese Seckau erhöht. Im Laufe der Zeit wurden zahlreiche Umbauten vorgenommen, wobei die Neugestaltung in der Barockzeit unter dem Baumeister Carlone am eindrucksvollsten war.
Als die Benediktiner die Abtei übernommen hatten, waren umfangreiche Renovierungen notwendig, die der Abteikirche im Wesentlichen ihr heutiges Aussehen gegeben haben.

Pfarr-, Wallfahrts- und Abteikirche Basilika Mariä Himmelfahrt in der Benediktinerabtei Seckau

Die Wallfahrtsgeschichte von Seckau beginnt im 13. Jahrhundert, als im Kapitelsaal der Chorherren ein Gnadenbild aufgestellt wurde. Wie das seit Jahrhunderten in Seckau verehrte Bildnis der Gottesmutter mit dem Jesuskind in das Stift kam, ist heute nicht mehr nachvollziehbar. Anzunehmen ist, dass das aus Alabaster gestaltete Relief etwa um 1200 in einer venezianischen Werkstatt nach byzantinischem Vorbild angefertigt wurde. Das Gnadenbild ist vom Typus der Nikopoia, der siegbringenden Maria. Die Wallfahrten nach Seckau nahmen in der Folge stark zu, die Gnadenmutter erfreute sich eines großen Zuspruchs. Seckau reihte sich im Spätmittelalter neben Mariazell und Maria Straßengel bei Graz unter die bedeutenden Marienwallfahrtsorte der Steiermark ein.

Das Gnadenbild gelangte nach der Aufhebung des Chorherrenstiftes (1786) auf den Hochaltar der nunmehrigen Pfarrkirche. Die Benediktiner holten es in ihr Kloster und stellten es 1883 zuerst in der Bischofskapelle auf, seit 1954 befindet es sich in der Gnadenkapelle, wo es noch immer große Beachtung und Verehrung durch die vielen Besucher von Seckau erfährt.

Anreise

Die Autobahn A 2 bei der Ausfahrt St. Lorenzen/Feistritz (von Norden kommend) oder bei Knittelfeld-West (von Süden kommend) verlassen und auf dem beschilderten Weg („Abtei Seckau") bis zur Benediktinerabtei fahren.

Vesperbild: Seckauer Marienklage-Pietà (vor 1400)

Geliebt und erwählt

Viele nennen ihn den „großen Frauentag", andere sprechen von „Mariä Himmelfahrt", und die Kirche verkündet, dass Maria mit Leib und Seele in den Himmel aufgenommen worden ist. Wir haben begründeten Anlass, diesen Feiertag als Festtag des Lebens und der Lebensbejahung in Freude und Dankbarkeit zu begehen. Der Mensch ist in seiner Totalität, in seiner „Ganzheit" von Gott (aus dem Nichtsein) ins Dasein gerufen, gewollt und geliebt.

In Maria, einer von uns, ist das exemplarisch aufgezeigt. Schon der Name „Maria" ist eine ganze Theologie: etwa siebzig (!) Möglichkeiten gibt es, ihn zu erklären. Eine, vielleicht die beste Erklärung, hält sich an die altägyptische Form „Marit-jam", verkürzt „Marjam", was soviel bedeutet wie „von Gott geliebt und erwählt".

Mit Recht sehen viele Christen in Maria den Schlüssel zum Geheimnis der gesamten Heilsgeschichte. Diese vollzieht sich immer in drei Schritten:
Wir leben, weil Gott uns liebt.
Liebe aber verlangt Antwort in Freiheit. Maria wurde durch ihr „Ja" geradezu zum Symbol der Freiheit des Menschen vor Gott. (Diese Freiheit geht übrigens so weit, dass der Mensch sich auch gegen Gott entscheiden kann.)
Ruf und Antworten führten in die Zukunft, die nicht erst morgen kommen wird, sondern heute bereits da ist.

Christus ist schon auferstanden und in den Himmel aufgefahren, Maria ist schon aufgenommen. Der Himmel ist Wirklichkeit. Auch für uns.

Einen Menschen lieben
heißt ihm sagen:
Du wirst nicht sterben.
(Gabriel Marcel)

Wallfahrtskirche Maria Schnee auf der Hochalm

Die heutige Wallfahrtskirche Maria Schnee auf der Hochalm (1822 m) wurde ursprünglich 1660 als Hieronymuskirche erbaut. Damit wollte man den Almhirten und Sennern eine Möglichkeit zum Besuch eines Gotteshauses geben, das man dem Viehpatron Hieronymus geweiht hat.
Zahlreiche Legenden ranken sich um die höchstgelegene Wallfahrtskirche der Ostalpen wie z.B. die von den Fußspuren Mariens im Schnee. Anfang des 18. Jahrhunderts begann die Marienverehrung in der Hochalmkirche, als eine Kopie der Seckauer Gnadenmutter mit Kind vom Typus einer Nikopoia (Maria als Siegbringerin) dort aufgestellt wurde.

Wallfahrtskirche Maria Schnee auf der Hochalm

Auch heute noch kommen jährlich tausende Wallfahrer zur malerischen Hochalmkirche, wo am 1. Sonntag im Juli und August, am Annasonntag Ende Juli und am 5. August zu Maria Schnee Wallfahrtsgottesdienste gefeiert werden.

Anreise

Die Hochalmkirche kann nur zu Fuß erreicht werden. Am besten, man fährt nach Seckau oder in einen der Orte in der Umgebung der Hochalm um von dort den Weg zur Maria-Schnee-Kirche zu nehmen.

Hochalm-Muttergottes

Herr, unser Herr, wie wunderbar ist
auf der weiten Erde Dein Name.
(Ps 8, 10)

Wallfahrtskirche Mariä Himmelfahrt in Maria Buch bei Judenburg

Von Judenburg eine Gehstunde entfernt, liegt am Rande des Murbodens der bedeutende Wallfahrtsort des oberen Murtales und wahrscheinlich auch der älteste der Steiermark: Maria Buch.

Der Ort *„Puoche"* wurde zum ersten Mal im Jahre 924 urkundlich erwähnt. Eine Kirche wird in dieser Urkunde noch nicht genannt. Sie dürfte aber vermutlich schon zur Zeit der karolingischen Kolonisation im 9. oder 10. Jahrhundert als Marienkirche bestanden haben. Urkundlich ist sie zum ersten Mal im Jahre 1074 unter den Schenkungen bei der Gründung des Stiftes Admont aufgezählt worden. Die Marienverehrung in dieser Kirche ist im 12. und 13. Jahrhundert bezeugt, wo von der Verehrung *„der seligsten Jungfraw von Puoch"* (1182) die Rede ist.
Der Bau der jetzigen gotischen Kirche wurde 1455 begonnen. Die Kirche soll auf Anregung und unter Mithilfe der Kaiserin Eleonore, der Gemahlin Kaiser Friedrich III., gebaut worden sein.

Am Beginn der Wallfahrtsaktivitäten steht jedenfalls, wie so oft, eine Legende: Die Kaiserin Eleonore, so wird berichtet, hätte auf der Jagd ihr Gebetbuch verloren, in das ihr beim Gottesdienst in der Burgkapelle in Judenburg ein ritterlicher Verehrer einen Brief gesteckt habe. Sie gelobte, eine Kirche zu Ehren der Gottesmutter bauen zu lassen, wenn sie das Buch wieder bekäme. Ein Jagdhund habe das Buch durch sein Bellen angezeigt und so hat sie es wieder unversehrt zurückbekommen. Die Kaiserin hat ihr Gelübde dankbar erfüllt.
In dem kleinen Ort überrascht uns das große Marienheiligtum, eine spätgotische, dreischiffige Hallenkirche. Sie zeichnet sich durch eine großartige Raumwirkung aus. Mittel- und Seitenschiffe sind aus einheimischem Stein gebaut, einem onyxhältigen Kalksinter, genannt „Mariabucher Marmor", der im Steinbruch oberhalb der Kirche gewonnen wird.
Den ganzen Raum des Presbyteriums nimmt ein mächtiger Hochaltar ein, versehen mit weinrebenumrankten Säulen, Knorpelwerkornamenten und einer Reihe von bemerkenswerten Heiligenstatuen. Er stammt aus dem Jahre 1651, wie die Tafel unter der Christusstatue angibt. In der Mitte über dem Tabernakel steht die Gnadenmutter von Maria Buch, eine lebensgroße, in rot und blau gefasste Marienstatue, Mutter und Kind auf dem Halbmond. Diese gotische Statue (1480) ist der kostbarste Schatz, den die Kirche birgt. Das

Wallfahrtskirche Mariä Himmelfahrt in Maria Buch

Jesuskind sitzt auf der Hand der Mutter, die es in fast unnatürlicher Haltung der Welt anbietet: Die Mutter, die das Kind nicht nur für sich haben will, sondern es den Menschen schenkt. In der rechten Hand hält sie das Szepter, Mutter und Kind sind barock gekrönt. Bei diesem Gnadenbild handelt es sich um eine seltene, in Österreich wohl einmalige Darstellung.

Eine Besonderheit in der Wallfahrtskirche sind die Türkenkerzen, auch „Stammkerzen" genannt. Eine Legende erzählt:
Ein Türke habe sich fromm gestellt und übergab dem Messner eine große Kerze, er möge sie vor dem Altar anzünden. Als der Mesner dies tun wollte, stolperte er, fiel hin und die Kerze zerbrach. Da stellte sich heraus, dass sie mit Pulver gefüllt und dazu bestimmt war, die Kirche in die Luft zu sprengen. Als Dank für die Errettung des Gotteshauses opferten die Maria Bucher diese Kerzen.
Diese Legende steht im engen Zusammenhang mit der Türkenzeit, in der die Kirche schwer beschädigt wurde. Die Kerzen stammen aus dem Jahr 1682, wurden in Kapfenberg gegossen und von einem Brucker Maler bemalt. Die Angst vor einem neuen Türkensturm (1683 Belagerung Wiens) und die Erinnerung an die 150 Jahre zuvor schon einmal stattgefundenen Türkenkriege ließ diese Kerzen entstehen. Noch heute kommen Menschen in Bedrängnis zu ihnen.

Die wichtigsten Wallfahrtstage sind die beiden Marienfeste Mariä Himmelfahrt am 15. August und Mariä Geburt am 8. September. An diesen Festtagen erfreut sich das Marienheiligtum eines besonderen Zulaufs, auch weil damit ein traditioneller volkstümlicher Markt verbunden ist.
Ebenso werden Wallfahrten am 13. jedes Monats seit 1975 abgehalten.

Anreise
Die Schnellstraße S 36 bei der Ausfahrt Zeltweg-West verlassen und links in die B 78 einbiegen. Nach etwa 5 Kilometern die B 78 beim Kreisverkehr verlassen und in die B 77 münden. Der Beschilderung nach Maria Buch folgen, nach wenigen Minuten sieht man bereits die markante Wallfahrtskirche.

Man kann alles auf der Welt nachahmen und fälschen,
nur die Liebe nicht:
Liebe kann man nicht stehlen, nicht nachahmen,
sie wohnt nur in dem Herzen,
das sich ganz zu geben weiß.
(Hermann Hesse)

Herz wieder gefragt

Vor knapp 30 Jahren erschien ein Buch von Prof. Dr. med. James Lynch in deutscher Sprache, zwei Jahre früher (1977) bereits in Englisch: „The Broken Heart", „Das gebrochene Herz". Dieses Werk hat an Aktualität bis heute nichts eingebüßt. Schon auf der Umschlagseite lesen wir: „... wir wurden in dem Glauben erzogen, dass richtige Ernährung, Sport und andere vorbeugende Maßnahmen die Mittel seien, um Krankheiten zu vermeiden und den Tod hinauszuzögern. Doch auch die Fähigkeit zum Aufrechterhalten zwischenmenschlicher Beziehungen übt einen entscheidenden Einfluss auf unser Wohlergehen aus und erhöht unsere Lebenserwartung".

Aber erst die psychosoziale Analyse der Herzerkrankungen, der häufigsten Todesursache, lehrt, dass Einsamkeit, soziale Isolation und der Mangel an menschlicher Nähe uns buchstäblich „das Herz brechen" können....

Madonna in der Pfarrkirche Burgau

Wallfahrtskirche Mariä Heimsuchung zu Altötting in Winklern bei Oberwölz

Auf einer Anhöhe im Wölzerbachtal liegt die Wallfahrtskirche von Winklern bei Oberwölz, deren leuchtende Fassade schon von weitem den Weg zu ihr weist.

Am Beginn der Errichtung der Kirche (1654/58) stand der Wunsch des Pflegers des Admonter Gutes Mainhartsdorf, Thomas Langanger, eine Kirche zu bauen, die nach dem Vorbild des großen bayerischen Heiligtums in Altötting gestaltet sein sollte. Nur über den Platz war man sich nicht im Klaren. Die Legende erzählt, dass ein Hirte den Ort bestimmt hätte. Sehr bald geschah noch in der Bauphase ein erstes Wunder: Eine Steinfuhre, die zum Kirchenbau gebracht wurde, rutschte den Abhang hinunter und begrub Mann und Ochsen unter sich. Wie durch ein Wunder blieben alle unverletzt. Als die Kirche fertig war, ließ Langanger eine Kopie der Altöttinger Gnadenmutter anfertigen, die er auf dem Rücken nach Bayern trug um mit ihr das Original zu berühren. Diese Gnadenstatue steht heute im 1740 vom Bildhauer Josef Stammel geschaffenen Hochaltar. Die Fresken im Inneren der Kirche stammen vom Maler Josef Adam Mölck. Sehenswert ist in der Kirche auch der so genannte „Josephinische Kreuzweg", eine Sonderform des Kreuzweges, die sich nur in sehr wenigen Kirchen bis heute erhalten hat.

Anreise

Auf der B 317 (von Judenburg kommend) oder auf der B 96 (von Murau kommend) bei Schrattenberg in die B 75 abzweigen und bis Winklern bei Oberwölz fahren. Die Wallfahrtskirche ist von weitem sichtbar.

Wallfahrtskirche Mariä Heimsuchung zu Altötting in Winklern

Pfarr- und Wallfahrtskirche Mariä Geburt in Schöder

Die Wallfahrtskirche von Schöder liegt am Nordrand des Ortes in leichter Hanglage unmittelbar am alten Weg, der über den Sölkpass führt.
Die heutige Kirche ist das Ergebnis verschiedener Um- und Neubauten in der Zeit vom letzten Drittel des 15. Jahrhunderts bis zum Jahr 1754, in dem noch der Kirchturmhelm erneuert wurde. Daher finden sich in der Kirche gotische Elemente, z.B. die ausgedehnten Fresken und Plastiken, die wahrscheinlich Teile eines früheren Altars waren. Vieles ist dem Barock zuzuordnen, wie z.B. mehrere Statuen von Balthasar Prandstätter, Bilder und der Hochaltar.
Das Gnadenbild in Schöder ist eine spätgotische thronende Maria mit dem Kind aus der Zeit um 1470 und stammt aus der Judenburger Werkstatt. Mariens goldener Schuh stützt sich auf eine Mondsichel, die ihr zu Füßen liegt. Sie steht am Hochaltar (1770), der dreigeschossig aufgebaut ist. Erste Hinweise auf Wallfahrtsaktivitäten in Schöder finden sich im Jahr 1340, als die Pilger zu einer Marienstatue gekommen sind, die heute leider verschollen ist. Eine spätere Quelle aus dem 19. Jahrhundert nennt das Jahr 1516 als Beginn, in dem Wallfahrergruppen schon zur heute verehrten Muttergottes gezogen sind. Die meisten Pilger kamen aus den umliegenden Gemeinden, von denen aus Schöder in einem Tagesmarsch erreichbar ist.

Bete – als helfe kein Arbeiten.
Arbeite – als helfe kein Beten.
(hl. Ignatius von Loyola)

Die hohe Zeit der Wallfahrt war im 18. Jahrhundert. Es wird berichtet, dass damals bis zu 1000 Pilger an den Hauptwallfahrtstagen erschienen sind. Wallfahrtstage sind in Schöder der 1. Mai (Fest der Apostel Philip und Jakob), der 4. Mai (Florianitag) und die Marienfeiertage. Die Pilger kommen aus der Umgebung, aber auch aus entfernteren Regionen der Steiermark, aus Kärnten und aus Oberösterreich.

Anreise

Von der Schnellstraße S 36 über Knittelfeld und Judenburg kommend, fährt man auf der B 317 bis Scheifling und auf der B 96 bis vor Murau, um dann weiter Richtung Tamsweg zu fahren. Vor Ranten zweigt man nach Schöder ab, wo man nach wenigen Kilometern zur imposanten Wallfahrtskirche kommt.

Pfarr- und Wallfahrtskirche Mariä Geburt in Schöder

Wallfahrtskirche zum hl. Leonhard in Murau

Murau, in der naturbelassenen Landschaft des oberen Murtales gelegen, verfügt über eine Reihe von Sehenswürdigkeiten und historischen Bauten. Ein besonderes Kleinod ist die Wallfahrtskirche zum hl. Leonhard, die im Süden der Stadt auf einer Anhöhe in Bahnhofsnähe steht.

Wallfahrtskirche zum hl. Leonhard in Murau

Die Wallfahrtskirche wurde im ersten Drittel des 15. Jahrhunderts errichtet, wobei St. Leonhard in Tamsweg als Vorbild gedient haben mag. Außen aus gelbem Tuffstein, fällt an der Kirche die detailreiche Ausschmückung der Architektur auf. Das Dach krönt ein sechseckiger Dachreiter.
Das Innere zeigt sich als hoher, heller Kirchenraum mit gotischen Gewölben. Der Hochaltar entstand Mitte des 17. Jahrhunderts in der Neumarkter Werkstätte des Christoph Paumgartner. Im Mittelteil des Altars steht die Gnadenstatue des hl. Leonhard, die von der Bevölkerung liebevoll der „Kleine Leonhard" genannt wird, im Gegensatz zum „Großen" in Tamsweg. Der hl. Leonhard wird in manchen Regionen zu den 14 Nothelfern gezählt und gilt als Viehpatron, den man um Hilfe gegen Tierseuchen, aber auch bei *„krankheit und wirklich geprechen"* anruft.

Die Wallfahrtskirche erreicht man von der Mur aus auf einem Andachtsweg mit gemauerten Kreuzwegstationen aus dem 17. Jahrhundert, vorbei an einer Kreuzigungsgruppe und am Heiligen Grab des Murauer Kalvarienberges.
Ebenfalls am Leonhardiberg befindet sich die im 14. Jahrhundert erstmals erwähnte Burg Grünfels. Seit 1366 war die zur damaligen Zeit *„purg"* genannte Anlage Teil der Murauer Stadtbefestigung. Aus dieser Zeit sind heute noch der zweigeschossige Wehrturm sowie die Ringmauern erhalten.
Wer mit der Murtalbahn von Murau nach Unz-

Maria Dorn in Saurau

markt fährt, kommt direkt an der kleinen **Wallfahrtskirche Maria Dorn in Saurau** bei Frojach vorbei. Eine Haltestelle unweit der Kirche ermöglicht es uns auszusteigen und das Gotteshaus zu besuchen.
Die Kirche wurde um 1500 erstmals urkundlich erwähnt, der heutige Bau stammt aus dem Jahr 1680. Sehenswert ist der Hochaltar (1700). Die Gnadenstatue, eine gotische Maria mit Kind aus dem 15. Jahrhundert, ist ebenso ein künstlerisches Kleinod wie ein Bild der Schmerzhaften Muttergottes und der Annaaltar (1663). Die hl. Anna hat in Saurau immer schon eine große Verehrung erfahren, was auch heute noch durch die besondere Gestaltung des Annasonntages zum Ausdruck kommt.

Anreise
Von der Schnellstraße S 36 über Knittelfeld und Judenburg kommend, fährt man auf der B 317 bis Scheifling und auf der B 96 weiter nach Murau. Die Leonhardskirche befindet sich in sichtbarer Entfernung vom Bahnhof in Murau-St. Leonhard.

Wir preisen Maria, als Quelle unseres Lebens, weil aus ihr der hervorging, der unserem Leben neuen Sinn gibt und unser Leben mit Gott, dem Vater, verbindet.
(Aus: Zehn Marienandachten, Pastoralamt der Diözese Graz-Seckau)

Warum ich bleibe

Bali – Insel der Götter und Dämonen. Viel beschrieben, besungen, verfilmt. Doch Bali kennt nur, wer selber lange Zeit auf Bali war.

Wir besuchen ein kleines Missionsspital. Ein Arzt aus Mailand, in Europa eine glänzende Karriere in Aussicht, fuhrwerkt hier als Chefarzt, Krankenschwester, Pfleger, Operateur und Koch, ja sogar als Tellerwäscher.

„Zurück nach Europa?"
Er lächelt viel sagend.
„Hier erst bin ich richtig glücklich, hier lebe ich! –
Gestern hat man mir wieder einen Kranken gebracht. Ernste Sache. Leberabszess. Vier Tage waren die Träger unterwegs."
„Träger?"
„Familienmitglieder natürlich. Ob ich den Kranken durchbringe, kann ich noch nicht sagen. Auf jeden Fall aber wird es länger dauern. Und die Leute da drüben, die bauen sich nun kleine Buschhütten, um bei ihrem Kranken zu sein. Tag und Nacht. Denn nichts braucht der Mensch, um gesund zu werden, notwendiger als den Menschen."
Alle miteinander trinken wir nun Tee.

Eine seltsame Stille liegt über dem Ort. Der Tag neigt sich seinem Ende zu. Blutrot die Sonne. Hie und da ein Hämmern.
Es kommt von den Hüttenbauern. Von den Menschen, die einen anderen Menschen nicht alleine lassen wollen.
„Verstehen Sie jetzt, warum ich hier bleiben werde?" fragte der Arzt.
Wir verstanden ihn.

Pfarr- und Stiftskirche zum hl. Lambrecht im Benediktinerstift St. Lambrecht

Die Kirche des Benediktinerklosters in St. Lambrecht ist zwar keine Wallfahrtskirche im eigentlichen Sinn, wir wollen sie hier jedoch besprechen, weil sie eine besondere heilige Stätte ist: Sie ist für die Gründung und Betreuung der größten österreichischen Wallfahrtsstätte Mariazell bis zum heutigen Tag zuständig.

Die Stiftskirche hat drei Vorgängerbauten: Bereits im 11. Jahrhundert gab es eine „Kirche zum hl. Lambert im Walde". Bei dieser Kirche wurde in der 2. Hälfte des 11. Jahrhunderts das Kloster errichtet. Später wurde die Kirche durch einen romanischen Bau ersetzt, der bereits annähernd die Größe der heutigen Stiftskirche hatte. Nach dem Brand dieser Kirche (1262) und dem Einsturz einiger Bauteile ging man daran, ein neues Gotteshaus zu bauen, das im gotischen Baustil errichtet und in der Barockzeit umgebaut wurde.
Die 1639 vollendete Barockisierung des Stiftes gibt, vor allem im Inneren, einen guten Überblick über die Kunst des 17. Jahrhunderts. Der Hochaltar aus Stuckmarmor wurde 1632 fertig gestellt. Er zeigt als Altarbild „Mariä Himmelfahrt", eine Kopie nach Rubens, flankiert von den Heiligen Benedikt und Scholastika. Neben dem mittleren Bild „Mariä Krönung" stehen die Heiligen Johannes der Täufer und Kaiser Heinrich, die Namenspatrone von Abt Johann Heinrich Stattfeld, der diesen Altar bei Valentin Khautt 1627 in Auftrag gegeben hat. Das oberste Bild zeigt den Kirchen-, Kloster- und Gemeindepatron, den hl. Lambert, begleitet von den Apostelfürsten Petrus und Paulus. Bekrönt wird der Altar von einer Figurengruppe rund um den Erzengel Michael, der Luzifer in die Tiefe stürzt. Sehenswert in der Kirche sind weiters die barocke Kanzel (Mitte des 18. Jahrhunderts), die Mariazellerkapelle mit einer Nachbildung des Mariazeller Gnadenaltars, die beiden Seitenaltäre, das Taufbecken sowie eine Reihe von Statuen, wie z.B. des hl. Lambert, der Muttergottes auf der Mondsichel und vieles andere.

Statuen des hl. Martin mit Gans und des hl. Nikolaus mit Buch und Äpfeln begrüßen die Menschen schon vor dem Gotteshaus.

In dieser Kirche beten und feiern die Mönche des Benediktinerordens, die Gläubigen der Pfarrgemeinde von St. Lambrecht und viele Pilger und Be-

Pfarr- und Stiftskirche zum hl. Lambrecht im Benediktinerstift St. Lambrecht

Mondsichelmadonna in St. Lambrecht

sucher. Darüber hinaus beherbergt das Klostergebäude das umfangreiche Stiftsmuseum mit seiner mittelalterlichen Kunstsammlung (Plastiken, Malerei ab dem 13. Jahrhundert), ein Volkskundemuseum und ein Vogelmuseum. Der Stiftsgarten als „Ort des Heile(n)s" mit barokkem Pavillon lädt zum Flanieren und Verweilen ein. Brunnen, Labyrinth, Kräuterrad und ein steinerner Sternenhimmel sind Elemente dieses Erlebnis- und Nutzgartens.

St. Lambrecht ist Ausgangspunkt einiger Pilgerwege, so z.B. nach Mariazell, es ist eine besondere Station auf dem Hemma-Pilgerweg von Admont nach Gurk in Kärnten. Der umgebende Naturpark Grebenzen zieht viele Menschen an, die die Besonderheiten der Natur dieser Region kennen lernen wollen. Die Gemeinde St. Lambrecht stellt einige Objekte für das 1999 ins Leben gerufene Projekt „Steirische Holzstraße" bei.

Am Rückweg besuchen wir noch die interessante barocke **Wallfahrtskirche zum hl. Blasius** in St. Blasen. Schon im 12. Jahrhundert gab es dort eine Kirche, die später um- und neu gebaut wurde. Zu ihr sind schon im Mittelalter Pilger gekommen, eine Blasiusstatue war das Ziel ihrer Wallfahrt. Der barocke Hochaltar (1726) stammt von Balthasar Prandtstätter, während der Antonius- und der Veitsaltar noch aus der alten Kirche sind. Eine besondere Verehrung hat die hl. Anna seit jeher in dieser Kirche erfahren, was auch heute noch durch die besondere Gestaltung des Annasonntages zum Ausdruck kommt.

Bauernregel (3. Februar):
St. Blasius ohne Regen
folgt ein guter Erntesegen.

Wallfahrtskirche zum hl. Blasius in St. Blasen

Anreise

Von Osten: Die Bundesstraße B 317 von Judenburg kommend bis Scheifling fahren, dort in die B 96 Richtung Murau einbiegen. Diese bei Teufenbach verlassen und der Beschilderung „St. Lambrecht" bis zum Benediktinerstift folgen.

Von Westen: Die Bundesstraße B 95 von Tamsweg kommend bis Predlitz fahren, dort in die B 97 bis Murau einbiegen. In Murau Richtung St. Lambrecht abzweigen und der Beschilderung „St. Lambrecht" bis zum Benediktinerstift folgen. Wenn man von St. Lambrecht wenige Kilometer Richtung Neumarkt fährt, kommt man zur Abzweigung nach St. Blasen. Nach kurzer Strecke ist man im Wallfahrtsort.

Auf die Fürsprache des hl. Blasius bewahre dich der Herr
vor Halskrankheit und allem Bösen.
Es segne dich Gott, der Vater und der Sohn und der Heilige Geist.
(Blasius-(Hals-)Segen am 3. Februar)

Wallfahrtskirche zur Schmerzhaften Mutter Maria in Maria Schönanger

In fast 1400 Metern Seehöhe liegt auf einem Bergsattel östlich von St. Lambrecht die kleine Wallfahrtskirche Maria Schönanger, die bis heute eine Filialkirche von St. Lambrecht ist.

Im Jahr 1736 stiftete die Magd Agnes Zechner eine kleine Holzkapelle und eine Pietà, die schon bald mehr und mehr Menschen anzog. 1777/78 musste die Kapelle daher vergrößert und schließlich neu gebaut werden. Die heutige Kirche mit dem Turm wurde nach einer Stiftung des St. Lambrechter Lebzelters Franz Schludermann erbaut (1828/30), die dann nochmals im späteren 19. Jahrhundert erweitert wurde.

Im saalartigen Kirchenraum nimmt der neuromanische Altar von 1874 die Altarwand ein. Er beherbergt als Gnadenstatue die Pietà aus dem Ursprungsjahr (1736). Wallfahrergruppen kommen bis zum heutigen Tag nach Maria Schönanger. Die meisten sind aus der unmittelbaren Umgebung, in neuerer Zeit jedoch auch aus weiter weg liegenden Regionen der Steiermark, gelegentlich sogar aus anderen Bundesländern.

Anreise

Von der Schnellstraße S 36 über Knittelfeld und Judenburg kommend, fährt man auf der B 317 bis Neumarkt weiter. In Neumarkt zweigt man Richtung Zeutschach ab, sehr bald kommt man zur Abzweigung nach Maria Schönanger. Am Ende einer steilen Straße (teilweise Naturstraße) steht die Wallfahrtskirche.

Sei gegrüßt, o Königin
(Salve Regina)

Sei gegrüßt, o Königin, Mutter der Barmherzigkeit, unser Leben,
unsere Wonne und unsere Hoffnung sei gegrüßt!
Zu Dir rufen wir verbannte Kinder Evas; zu Dir seufzen wir trauernd
und weinend in diesem Tal der Tränen. Wohlan denn, unsere
Fürsprecherin, wende Deine barmherzigen Augen uns zu, und nach
diesem Elend zeige uns Jesus, die gebenedeite Frucht Deines Leibes.
O gütige, o milde, o süße Jungfrau Maria.
Amen.

Wallfahrtskirche zur Schmerzhaften Mutter Maria in Maria Schönanger

Pfarr- und Wallfahrtskirche zur Schmerzhaften Mutter Maria in Wildalpen

Im äußersten Norden der Steiermark verläuft das romantische Salzatal, in dessen Mittelpunkt Wildalpen liegt. Die vor allem wegen der vielen Möglichkeiten für sportliche Aktivitäten bekannte Gemeinde am Fuße des Hochschwabs hat darüber hinaus noch mehr zu bieten: Eine Wallfahrtskirche. Die ursprünglich als Kapelle in Wildalpen erbaute Wallfahrtskirche wurde nach ihrer Errichtung im Jahr 1674 bald wieder umgebaut und 1731 der Schmerzhaften Gottesmutter geweiht. Sie hat einen saalartigen flach gewölbten Innenraum und zwei korrespondierende Seitenkapellen – sie wirkt sehr geräumig und hat die Form eines Kreuzes.

Beeindruckend sind im gesamten Kircheninneren die Fresken von Johann und Alois Lederwasch (1784/85), in denen das Leiden und Sterben Jesu dargestellt ist. Ihr Stil liegt am Übergang vom Rokoko zum Klassizismus. Das gemalte Altarbild, das Gnadenbild, ist eine in barocker Rahmung gefertigte Darstellung der Schmerzhaften Maria („Pietà von Wildalpen") und ist seit über 200 Jahren Ziel von Wallfahrern.

Wildalpen, am Weg von Admont nach Mariazell, hat dem Besucher noch mehr zu bieten: Die touristische Nutzung der Salza, (Rafting, Kanu, Kajak), das Wasserleitungsmuseum und den Waldlehrpfad. Auch ein Besuch des nahen Naturparks Gesäuse mit einem Abstecher zum Stift Admont und zur Wallfahrtskirche am Frauenberg bei Admont lohnen allemal.

Anreise

Von Mariazell kommend auf der Bundesstraße B 24 bis Wildalpen fahren. Die Kirche ist gut sichtbar in einer Kurve der Ortsdurchfahrt.

Traurige trösten heißt: ihnen den Mantel der Geborgenheit umlegen.
(Unbekannter Verfasser)

Pfarr- und Wallfahrtskirche zur Schmerzhaften Mutter Maria in Wildalpen

Pfarr- und Wallfahrtskirche Mariä Opferung in Frauenberg bei Admont

Eine alte Legende erzählt, dass am Fuße des Kulmberges bei Admont eine Marienstatue im Ufergestrüpp der Enns gefunden wurde, eine Lichterscheinung hatte auf sie aufmerksam gemacht. Dies geschah am Samstag vor dem 2. Sonntag nach Ostern des Jahres 1404. Man brachte die Statue ins nahe Stift Admont, von wo sie insgesamt dreimal verschwand und wieder am Kulm aufgetaucht ist. Beim dritten Mal wurde die Statue auf dem Gipfel des Kulmberges gefunden. Dort hat man die erste Kapelle erbaut. Bereits 1410 wurde mit dem Bau einer gotischen Kirche begonnen, die dem Salzburger Baumeister und Bildhauer in Diensten des Stiftes Admont, Nikolaus Velbacher, zugeschrieben wird. Neu-, Zu- und Umbauten, insbesondere im 17. Jahrhundert durch Carlo Antonio Carlone, veränderten das ursprünglich gotische Aussehen der Kirche. Heute beherrscht die weithin sichtbare barocke Doppelturmkirche mit interessanter Fassadenbemalung das Ennstal bei Admont, sie zählt zu den schönsten barocken Gebäuden der Steiermark.

Schutzmantelmadonna von Frauenberg (um 1420)

Der 1690 vom Admonter Stiftstischler und Bildhauer Martin Neuberg errichtete barocke Hochaltar wurde 1786 zum Gnadenaltar umgebaut, in dessen Mittelpunkt sich die von Engeln umgebene, 1420/30 entstandene Gnadenstatue befindet. Sie ist eine Halbfigur der Gottesmutter mit Kind. Ein besonders schönes Stück und kunsthistorisches Kleinod ist die Schutzmantelmadonna von Frauenberg.

Die Wallfahrtsaktivitäten zur heutigen Kirche Mariä Opferung beginnen bereits mit dem ersten Kapellenbau im 15. Jahrhundert, als der damalige Admonter Abt Hartnid

Pfarr- und Wallfahrtskirche Mariä Opferung in Frauenberg bei Admont

Gleusser gelobte, jedes Jahr mit dem Konvent des Stiftes eine Wallfahrt auf den Kulm zu unternehmen. Rasch hat die Zahl der Wallfahrer auch außerhalb dieses Ereignisses zugenommen. Mit der Kirchweihe von 1423 war ein wichtiger Schritt getan, da seither den Pilgern ein Gotteshaus zur Verfügung steht, in dem die vielfältigen liturgischen Formen vom feierlichen Hochamt bis zur schlichten Andacht einen würdigen Rahmen finden. Die Wallfahrtsgeschichte von Frauenberg bei Admont ist voll von Gebetserhörungen und wundersamen Ereignissen, von denen viele Votivbilder und Eintragungen im Mirakelbuch zeugen.

Anreise

Die Autobahn A 9 bei der Ausfahrt Ardning verlassen und auf der B 146 Richtung Admont weiterfahren. Die Auffahrt zur Wallfahrtskirche ist ausgeschildert, nach kurzem und steilem Weg steht man vor der Kirche.

Andachtsbildchen Frauenberg bei Admont Druck/Papier (Sammlung H. Burkard, Graz)

Ohne Persönlichkeit gibt es keine Liebe,
keine wirklich tiefe Liebe.
Jeder weiß und erlebt es, wie leicht es ist, sich zu verlieben,
und wie schwer und schön es ist, wirklich zu lieben.
Liebe ist, wie alle wirklichen Werte, nicht käuflich.
Es gibt einen käuflichen Genuss, aber keine käufliche Liebe.
(Hermann Hesse)

Kauf dir das Lied

Sie träumen und glauben und denken,

dass Geld-Haben alles wär' !

Sie würden uns gerne den Himmel schenken

und haben ihn selbst nicht mehr.

Sie meinen, sie hätten schon alles,

weil jeder so leicht vergisst:

Da ist manches Wunderbare auf der Erde,

das als Ware leider unerschwinglich ist.

Kauf dir das Lied, das die Nachtigall singt.

Kauf dir, dass einer dich mag;

Kauf dir, dass am Straßenrand ein Vagabund dir winkt –

Kauf dir das Lachen vom vergangenen Tag.

Kauf dir das Raunen des Grases im Wind –

Kauf die ein zärtliches "Du" –

Kauf dir, wenn einmal das Leben verrinnt,

eine Sekunde dazu!

Kauf dir das Lied, das die Nachtigall singt.

Liebe, die treu zu dir hält.

Kauf dir das Glück, das nur Zweisamkeit bringt –

Keiner auf der Welt hat so viel Geld.

(Mischa Mleinek)

Pfarr- und Wallfahrtskirche Mariä Schmerzen (Maria Kumitz) bei Bad Mitterndorf

Auf einem felsigen Hügel im Ennstal nordwestlich von Bad Mitterndorf liegt die stattliche Wallfahrtskirche Maria Kumitz. Schon 1717 sollte dort ein Kalvarienberg errichtet werden, nachdem das Pferd des Pfarrers Marinz bei einem Ausritt beim Kumitzberg in die Knie gegangen war, ohne den Reiter abzuwerfen. Entstanden sind damals die barocken Stationskapellen, die die Geheimnisse des Schmerzhaften Rosenkranzes zeigen.

Im Jahr 1766 erfolgte die Grundsteinlegung der Kirche, nachdem sich der Ort einer zunehmend regen Verehrung erfreute. Nach der Fertigstellung wurde das Gnadenbild, eine trauernde Maria mit ihrem toten Sohn am Schoß, aus Bad

Pfarr- und Wallfahrtskirche Mariä Schmerzen (Maria Kumitz) bei Bad Mitterndorf

Mitterndorf nach Maria Kumitz in einer feierlichen Prozession übertragen. Die spätgotische Pietà, Mittelpunkt des Hochaltars, ist um das Jahr 1500 entstanden und stammt vermutlich aus Brünn. Viele Pilger kommen auch wegen der klangvollen Kirchenglocke, die etwa um das Jahr 1300 gegossen und 1874 aus der Kirche von Bad Aussee nach Maria Kumitz übertragen wurde.

Anreise

Die Autobahn A 9 bei der Ausfahrt Selzthal verlassen und Richtung Liezen weiterfahren. In Liezen die B 320 Richtung Schladming nehmen, diese bei Stainach verlassen und auf der B 145 Richtung Bad Aussee weiter fahren. Vor Bad Mitterndorf liegt Maria Kumitz.
Wer von Westen kommt, fährt nach Bad Ischl, nimmt dort die B 145 durch das Salzkammergut, passiert Bad Aussee und Bad Mitterndorf. Maria Kumitz ist wenige Kilometer nach Bad Mitterndorf.

Jemanden lieben heißt,
als Einziger ein Wunder begreifen,
das für alle anderen unsichtbar bleibt.
(François Mauriac)

Pfarr- und Wallfahrtskirche Mariä Geburt in Oppenberg

Oberhalb des tief eingeschnittenen Golingbaches ist der Kirchweiler Oppenberg, 1108 m hoch in den Rottenmanner Tauern gelegen. Die Bedeutung des Ortes ist auf den Bergbau im Spätmittelalter zurückzuführen: Kupfer, Gold, Silber, Nickel, Blei, Kobalt und Arsenik wurden abgebaut.
Abseits des heutigen Ortskerns, am Rande einer bäuerlichen Streusiedlung befindet sich die urkundlich im 13. Jahrhundert erstmals erwähnte heutige Pfarr- und Wallfahrtskirche Mariä Geburt.

Die Kirche von Oppenberg weist einige bauliche Besonderheiten auf: Zum einen sind Reste des romanischen Baus erkennbar (Flachdecke, Fenster), zum anderen sind die Veränderungen aus der späten Gotik (15. Jahrhundert) noch heute für den Bau prägend: Chor, Kreuzrippengewölbe, Turmjoch und Empore. In der Barockzeit wurden die Seitenkapellen und eine Sakristei angefügt. Auch die oberen Teile des zwiebelartigen Turms stammen wohl aus dem späteren 17. Jahrhundert, dem im Wesentlichen die Innenausstattung zu verdanken ist.
Neben den drei Altären befinden sich in der Kirche eine Kanzel, eine Orgel, Heiligenfiguren, verschiedene Votivbilder und weitere Gegenstände aus der Barockzeit. Der Hochaltar aus dem späten 17. Jahrhundert ist ein zweigeschossiger Säulenaltar mit Dekorformen des Knorpelwerks. Der Bildhauer Johann Fortschegger (1743 – 1827) aus Bad Mitterndorf hat ihn zwischen 1783 und 1787 in spätbarockem Stil umgestaltet. Es handelt sich dabei im Besonderen um die Mittelgruppe, in deren Zentrum das Gnadenbild, eine gotische Madonna des späten 15. Jahrhunderts, steht. Diese sehr ansprechende Skulptur, umgeben von einem Kranz mit Engeln und Puttenköpfen, ist weitgehend überschnitzt und neu gefasst worden.

Holzrelief „Anbetung der Könige" in Oppenberg (15. Jhdt.)

Eine kulturhistorische Besonderheit der Kirche ist ein künstlerisch sehr wertvolles

Pfarr- und Wallfahrtskirche Mariä Geburt in Oppenberg

Madonna in Oppenberg

Hochrelief, das die „Anbetung der Hl. drei Könige" zeigt und auch aus dem späten 15. Jahrhundert stammt. Betrachtet man den kunstvoll mit Figürchen ausgefüllten Schrein, so wird man gleich die Tiefendimension spüren. Ganz links außen, im Vordergrund des Geschehens angeordnet, befindet sich vor dem überdachten Stall die Heilige Familie mit dem lebhaften Jesuskind. Dieses scheint gezielt nach dem Kelch des ersten knienden Königs zu greifen. Die anderen Könige und Begleiter reihen sich an, wobei aber in erster Linie die tänzerischen Posen der Figuren hervorzuheben sind. Sie erinnern in ihrer Haltung an jene Moriskentänzer, die für das Rathaus von München gestaltet wurden.

Die Qualität des Schnitzwerkes hat diese Vollkommenheit kaum sonst wo in der steirischen Kunst der Spätgotik erreicht. Man nimmt daher auch auf Grund der Vergleichbarkeit mit anderen Werken an, dass das Relief vom bayrischen Künstler Erasmus Grasser stammt. Er wurde um 1450 in der Oberpfalz geboren, war in Wien und München tätig und starb im Jahre 1518. Betrachtet man sein Hauptwerk, die oben genannten ursprünglich sechzehn Moriskentänzer für das Rathaus in München, geschaffen um 1480 (heute im Stadtmuseum München), so erhält man einen wichtigen Anhaltspunkt für die Beurteilung des Oppenberger Schreins. Zumindest die vordere Figurenreihe dieses Schreins kann Grasser zugeschrieben werden, hingegen stammen die übrigen Teile wohl aus einer der Werkstätten, der sich üblicherweise alle bedeutenden Schnitzer jener Zeit bedient haben. Das Oppenberger Hochrelief Grassers kann daher als sein einziges Werk in Österreich angesehen werden.

Noch heute kommen Wallfahrer nach Oppenberg, um das künstlerische Kleinod zu bestaunen und um Ruhe und innere Einkehr abseits der Hektik unserer Zeit zu finden. Gerne werden daher auch die Wallfahrten am 13. der Monate Mai bis Oktober angenommen, die sich überdies eines zunehmenden Zuspruchs erfreuen.

Anreise

Die Autobahn A 9 bei der Ausfahrt Rottenmann verlassen, eine kurze Strecke Richtung Liezen fahren und bei der Abzweigung den Weg nach Oppenberg nehmen.

Hochaltar der Pfarr- und Wallfahrtskirche in Oppenberg

Der Liebesbrief

Von allen Lehrern und Professoren, die sich jemals mit mir ärgern und plagen mussten, ist mir noch immer eine Dame in Erinnerung, die damals im Herbst 1945 in Stadlau, einem Ortsteil am Stadtrand von Wien, eine 4. Volksschulklasse zu unterrichten hatte. Sie strahlte etwas aus, das ich heute als pädagogischen Eros bezeichnen würde, damals aber als 9jähriger Bub nur so formulieren konnte: sie freut sich, wenn sie zu uns in die Klasse kommt, und wir freuen uns alle auf sie!
„Kinder", sagte sie eines Tages, „jetzt lernen wir ein neues Lied, denn es ist Advent und bald kommt Weihnachten!"
Das Lied, das wir damals lernten, ist auch heute noch bekannt und wenn ich es irgendwo höre, erfasst mich Wehmut und ich beginne leise mitzusummen. Singen habe ich nämlich schon damals nicht gekonnt und auch bis heute nicht gelernt.
„Helmut", meinte die Frau Lehrerin damals, „im Aufsatzschreiben bist Du unser Bester, auch Rechnen geht ganz gut, aber jetzt – bitte, sing nur ganz leise mit ..."
Schräg vor mir in der Nachbarreihe saß Anni, ein liebes, blondes Mädchen. Sie war Vorzugschülerin, ruhig und bescheiden, konnte wunderschön singen und tat dies auch mit großer Begeisterung. Ich sah sie sehr gerne, blickte öfters verstohlen zu ihr hinüber und suchte immer nach passenden Gelegenheiten, um mit ihr plaudern zu können. Da man mir also das Mitsingen des Weihnachtsliedes nicht gerade empfohlen hatte, konnte ich – und das freute mich ungemein – immer wieder zu Anni hinüberblinzeln. Text und Melodie des Liedes gefielen mir gut und wenn dazu noch Anni fröhlich mitsang – o wie schön!
Doch komisch – es war, als ginge mir ein Stich durchs Herz – Anni sang zwar mit, aber wie blickte sie nur drein: nein, so hatte ich sie noch nie gesehen.
Die Stunde verging mir zu langsam. Ich musste mit ihr reden. Sie etwas fragen. Aber wie?
„Helmut, was ist los mit Dir? Du passt ja gar nicht auf! Hab ich Dich wegen des Singens gekränkt? Schau, jeder hat andere Talente, Du kannst schreiben, keiner kann alles ..."
„Nein, nein Frau Lehrerin, es ist nicht wegen des Singens, es ist überhaupt nichts ..." – Glockenzeichen.
„Du, Anni, darf ich mit Dir nach Hause gehen? Es ist so kalt, der Sturm wird immer ärger, ich möchte Dir die Schultasche tragen, damit Du ..."

„Möchtest du wirklich, Helmut?"
„Ja, sehr, sehr gern!"
Der Wind pfiff durch die beinahe menschenleeren Straßen und peitschte den Schneeregen zwei Kindern, einem Mädchen und einem Buben, ins Gesicht.
„Du, Anni, ich möchte Dich etwas fragen."
„Ja, was denn?"
„Du bist mir heute in der Schule beim Singen aufgefallen. Gefällt Dir dieses Lied nicht, weil Du nicht mitgesungen hast?"
„Ich hab' aber mitgesungen …"
„Ja schon, aber nicht wie sonst, da hör' ich nämlich Deine Stimme immer so gut."
„Du, Helmut, ist Dir das wirklich aufgefallen?"
„Ja, Anni, und ich bin sehr traurig deswegen!"
„Du brauchst nicht traurig sein es ist nur etwas für mich und …"
„Was – und ?"
„Und für meine Mutti".
„Bitte, erzähl! Sag was ist los?"
„Fröhliche Weihnacht überall – das stimmt nicht!"
„Warum stimmt das nicht? Sag, bitte!"
„Mutti und ich müssen heuer am Hl. Abend allein bleiben. Papa kommt nicht mehr zu uns zurück. Mutti hat mir gesagt, dass er erschossen worden ist, am letzten Kriegstag. So, da bin ich schon zu Hause. Aber, Helmut, sag' bitte niemand in der Schule etwas davon, es soll wirklich niemand wissen …"
„Jetzt versteh' ich, Anni; danke, dass Du es mir gesagt hast!"
Letzter Schultag vor den Ferien. Weihnachtsfeier in der Klasse.
„So, Kinder, bevor wir jetzt diese Stunde, die wir gemeinsam so schön gestaltet haben, schließen, singen wir alle 3 Strophen von 'Fröhliche Weihnacht überall'– zunächst aber wünsche ich Euch allen und Euren Eltern ein gesegnetes Weihnachtsfest, viel Freude …"
Verstohlen blickte ich hinüber zu Anni, traurig, denn niemand wusste, dass es heuer für sie keine Freude geben wird, weil ihr Papa …
Die Frau Lehrerin stimmt an, kräftig sangen alle Kinder mit – doch ich traute meinen Ohren nicht: wie immer beim Singen war Anni – auch diesmal stimmführend!
„Fröhliche Weihnacht überall, tönt es durch die Lüfte froher Schall …!"
„Anni, noch nie hast Du so schön gesungen wie heute!"
„Ja, Helmut, ich wollte Dir eine kleine Weihnachtsfreude machen, weil es Dir damals aufgefallen ist, wie wir das Lied zu lernen begonnen hatten, Dir –

und sonst niemandem ..."
Heiliger Abend 1945. Großeltern und Eltern. Ein warmes Zimmer. Ein kleines Bäumchen. Heimelig. Schön. Unvergesslich.
„Ich glaube, das Christkind hat noch etwas für Dich gebracht, Helmut", sagte mein Vater, „schau ...!"
Tatsächlich. Eine Schreibmaschine. Eine alte Schreibmaschine. Meine erste Schreibmaschine. Den ganzen Abend war ich nicht mehr wegzubringen. Papa musste mir alles zeigen. Erklären. Was so eine Schreibmaschine nicht alles kann. Spät war es geworden. Zeit zum Schlafengehen. An ein Einschlafen war allerdings nicht zu denken.
Leise stand ich auf und schlich mich hinunter ins Zimmer, wo im Herd noch ein kleines Flämmchen züngelte.
Die Schreibmaschine.
Ein großes, weißes Blatt Papier.
„Liebe Anni!"
Mein erster Liebesbrief.

Wo Liebe sich freut,
da ist ein Fest.
(Johannes Chrysostomus)

Am Abend des Lebens werden wir nach der Liebe gefragt

GOTT wird uns nicht primär fragen, ob wir zu den Konservativen oder Progressiven gehören, sondern ob wir aus Liebe zu ihm (und nicht aus anderen Gründen) den Glauben mit diesen oder jenen Akzenten verwirklicht haben.

GOTT wird uns nicht primär fragen, ob wir viel oder wenig apostolisch tätig waren, sondern ob wir aus Liebe zu ihm (und nicht aus Geltungsdrang) an apostolischen Aktionen teilgenommen haben, oder ob wir aus Liebe zu ihm (und nicht aus Faulheit, Desinteresse oder Bequemlichkeit) an apostolischen Aktionen nicht teilgenommen haben.

GOTT wird uns nicht primär fragen, ob wir viele Stunden gebetet haben, sondern ob wir aus Liebe zu ihm gebetet haben.

GOTT wird uns nicht primär fragen, ob wir viel gesprochen oder viel geschwiegen haben, sondern ob wir aus Liebe zu ihm gesprochen bzw. aus Liebe zu ihm geschwiegen haben.

GOTT wird uns nicht primär fragen, ob wir aus irgendwelchen vernünftigen Gründen gefastet haben, sondern ob wir aus Liebe zu ihm gefastet haben.

GOTT wird uns nicht primär fragen, ob wir als Priester, Ordensleute oder Laien gelebt haben, sondern ob wir aus Liebe zu ihm gelebt haben.

GOTT wird uns nicht primär fragen, welche Pläne oder welche Werke uns gelungen bzw. nicht gelungen sind, sondern wie viel Liebe wir dadurch in Bewegung gebracht haben.

GOTT wird uns nicht primär fragen, welche Ideologien, Theorien, Traditionen oder Gebräuche wir vertreten, sondern wie viel Liebe wir dadurch zum Ausdruck gebracht haben.

(Nach Johannes vom Kreuz)

Wallfahrts- und Pilgerstätten in Graz

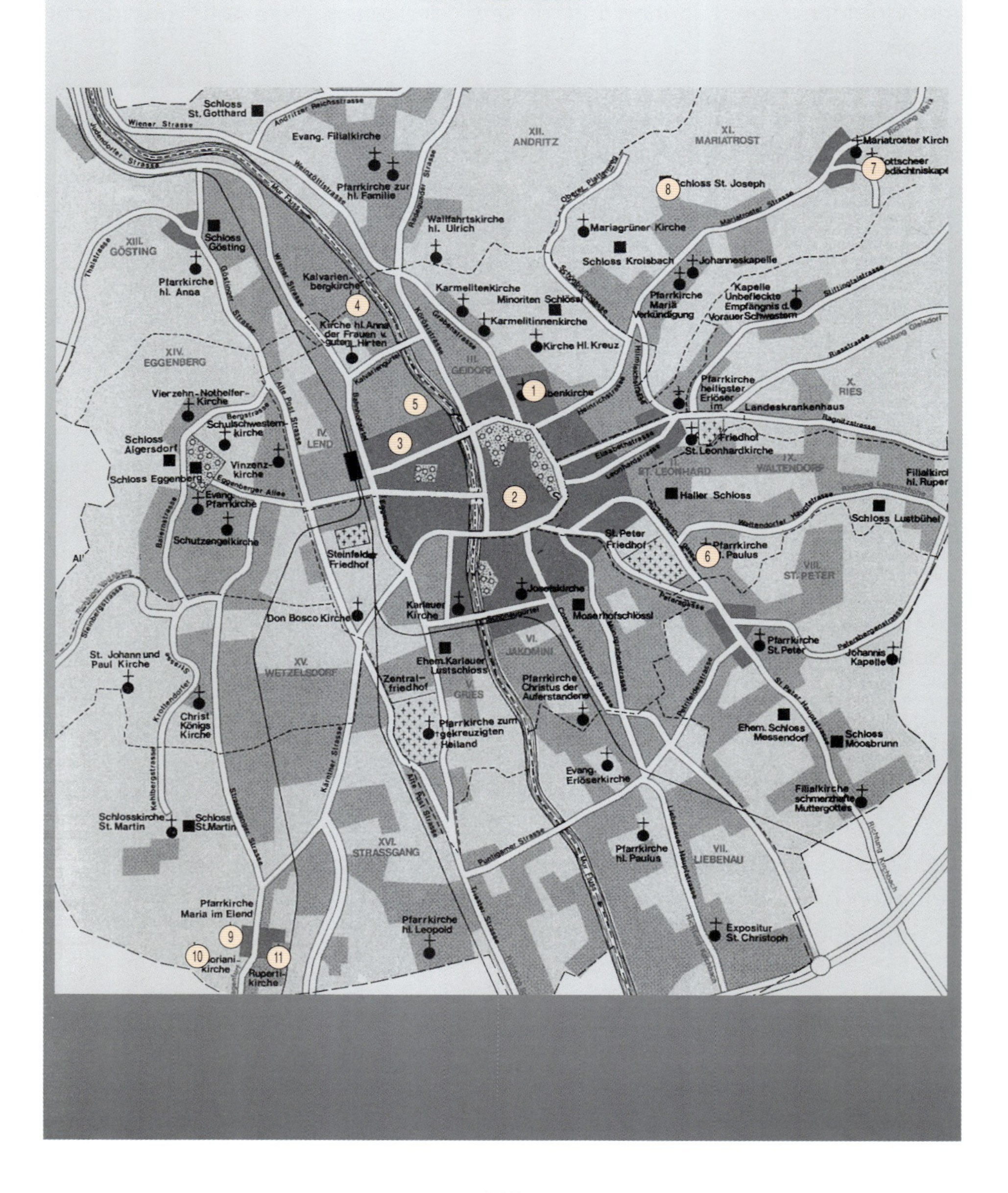

In den politischen Bezirken Graz und Graz-Umgebung:

1. Domkirche und Kathedrale zum hl. Ägidius
2. Pfarr- und Franziskanerklosterkirche Mariä Himmelfahrt
3. Pfarr-, Wallfahrts- und Minoritenklosterkirche (Mariahilferkirche)
4. Kalvarienbergkirche zum Hl. Kreuz
5. Barmherzigenkirche Mariä Verkündigung
6. Münzgrabenkirche zum Unbefleckten Herz Mariä
7. Pfarr- und Wallfahrtskirche Basilika Mariatrost
8. Wallfahrtskirche Mariä Heimsuchung (Graz-Mariagrün)
9. Pfarr- und Wallfahrtskirche Maria Elend in Straßgang
10. Wallfahrtskirche zum hl. Florian in Straßgang
11. Rupertikirche in Straßgang

Wallfahrts- und Pilgerstätten in der Steiermark

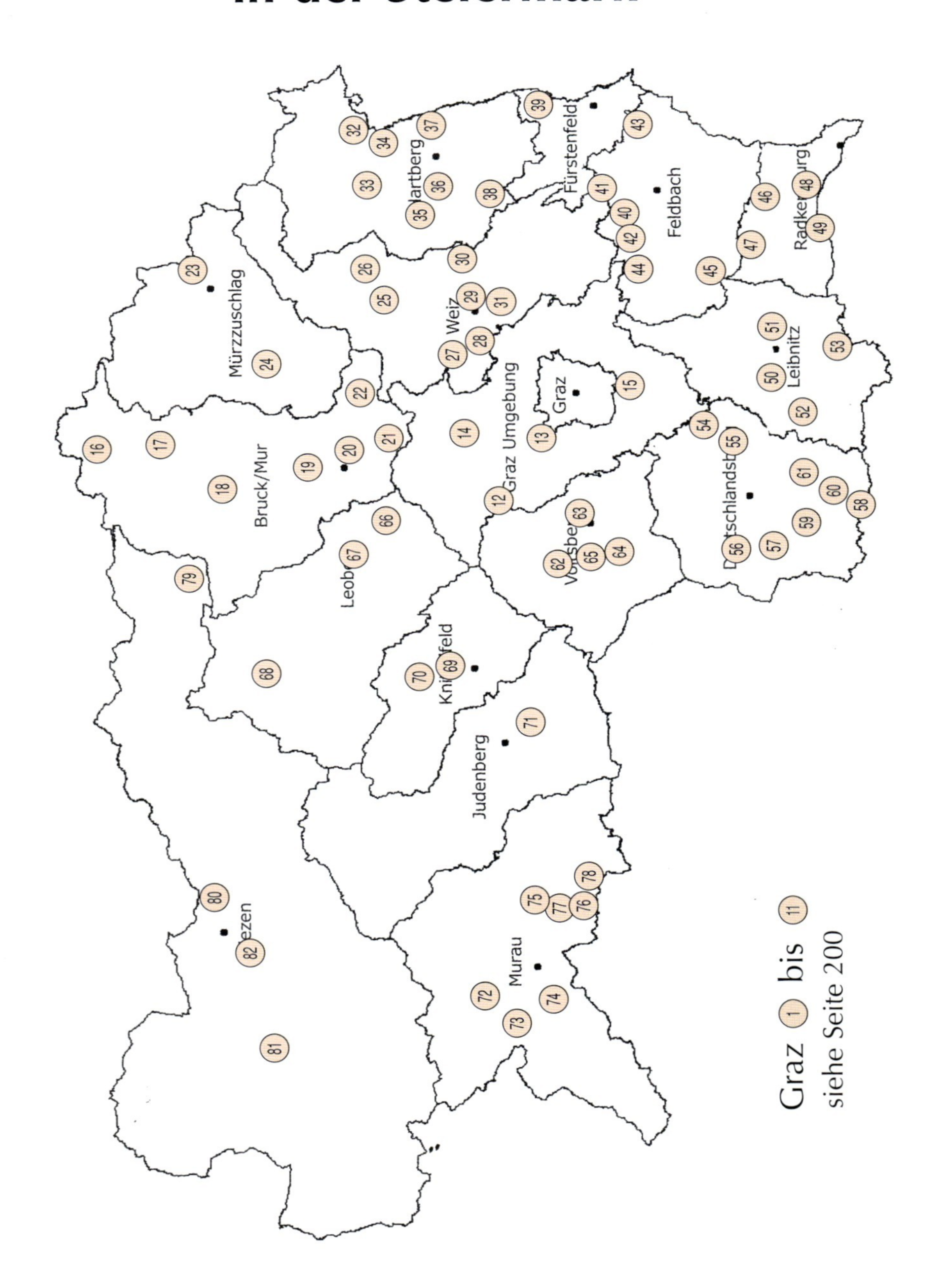

Von uns besuchte Pilgerstätten und Wallfahrtsorte in der Steiermark

In den politischen Bezirken Graz und Graz-Umgebung:

1. Domkirche und Kathedrale zum hl. Ägidius
2. Pfarr- und Franziskanerklosterkirche Mariä Himmelfahrt
3. Pfarr-, Wallfahrts- und Minoritenklosterkirche (Mariahilferkirche)
4. Kalvarienbergkirche zum Hl. Kreuz
5. Barmherzigenkirche Mariä Verkündigung
6. Münzgrabenkirche zum Unbefleckten Herz Mariä
7. Pfarr- und Wallfahrtskirche Basilika Mariatrost
8. Wallfahrtskirche Mariä Heimsuchung (Graz-Mariagrün)
9. Pfarr- und Wallfahrtskirche Maria Elend in Straßgang
10. Wallfahrtskirche zum hl. Florian in Straßgang
11. Rupertikirche in Straßgang
12. Pfarr- und Wallfahrtskirche St. Pankrazen
13. Wallfahrtskirche Mariä Namen (Maria Straßengel) in Judendorf-Straßengel
14. Wallfahrtskirche zum hl. Ulrich und heiliges Bründl in St. Ulrich/Semriach
15. Pfarr- und Wallfahrtskirche Maria Trost im Grazer Feld in Fernitz

Im politischen Bezirk Bruck an der Mur:

16. Pfarr- und Wallfahrtskirche Basilika Mariä Geburt in Mariazell
17. Pfarrkirche zum hl. Leonhard in Seewiesen
18. Pfarrkirche zum hl. Petrus in Aflenz
19. Loret(t)o-Kapelle in Oberkapfenberg
20. Pfarr- und Wallfahrtskirche Mariä Schmerzen in Frauenberg/Maria Rehkogel
21. Wallfahrtskirche zur Hl. Maria (Frauenkirche) in Pernegg an der Mur
22. Pfarr- und Wallfahrtskirche zum hl. Erhard und Wallfahrtskapelle Schüsserlbrunn in St. Erhard/Breitenau am Hochlantsch

Im politischen Bezirk Mürzzuschlag:

23. Pfarrkirche Mariä Himmelfahrt in Spital am Semmering
24. Wallfahrtskapelle zur Hl. Maria am Gölkberg in Krieglach

Im politischen Bezirk Weiz:

25. Pfarr- und Wallfahrtskirche Mariä Heimsuchung und heiliges Bründl in Heilbrunn/Naintsch
26. Heilbrunnen (Heiliges Bründl) im Waisenegg
27. Klein-Heilbrunn (Heiliges Bründl) bei Hohenau an der Raab
28. Pfarr- und Wallfahrtskirche Schmerzhafte Mutter Maria in Weizberg
29. Grubbründl (Heiliges Bründl) in Thannhausen bei Weiz
30. Maria Heilbrunn (Heiliges Bründl) am Kulm bei Puch
31. Wallfahrtskirche zum Gegeißelten Heiland in Breitegg

Im politischen Bezirk Hartberg:

32. Pfarr- und Wallfahrtskirche zur Schmerzhaften Muttergottes (Maria Hasel) und heiliges Bründl in Pinggau
33. Pfarr- und Wallfahrtskirche zur hl. Margaretha in Wenigzell
34. Wallfahrtskapelle und Quelle „Heiliger Brunn" in Rohrbach an der Lafnitz-Schlag
35. Pfarr- und Wallfahrtskirche Mariä Geburt am Pöllauberg
36. Wallfahrtskirche St. Anna am Masenberg
37. Wallfahrtskirche Mariä Himmelfahrt in Maria Lebing/Hartberg
38. Wallfahrtskirche Mariä Geburt und heiliges Bründl (Maria Fieberbründl) bei Kaibing

Im politischen Bezirk Fürstenfeld:

39. Pfarrkirche Maria Gnadenbrunn in Burga

Im politischen Bezirk Feldbach:

40. Pfarr- und Wallfahrtskirche zum Heiland der Welt in Breitenfeld an der Rittschein
41. Wallfahrtskirche zum hl. Andreas in St. Kind
42. Ulrichsbrunn (Heiliges Bründl) in Markt Hartmannsdorf
43. Lourdesgrotte in Unterlamm
44. Pfarr- und Wallfahrtskirche Mariä Heimsuchung (Klein-Mariazell) in Eichkögl
45. Pfarr- und Wallfahrtskirche zum hl. Andreas in Jagerberg

Im politischen Bezirk Radkersburg:

46. Pfarr- und Wallfahrtskirche zur Hl. Maria am Himmelsberg in Straden
47. Fatimakapelle in Trössing/Bierbaum am Auersbach
48. Wallfahrtskirche Maria Helfbrunn und heiliges Bründl bei Ratschendorf
49. Wallfahrtskirche zum hl. Patrizius in Mureck

Im politischen Bezirk Leibnitz:

50. Wallfahrtskirche zur Hl. Maria in Frauenberg/Leibnitz
51. Pfarr- und Wallfahrtskirche zum hl. Leonhard und Leonhardsbrunnen in Gabersdorf
52. Pfarr- und Wallfahrtskirche zur Schmerzhaften Mutter Maria in Ehrenhausen
53. Wallfahrtskirche St. Georgen am Lukowitsch

Im politischen Bezirk Deutschlandsberg:

54. Pfarr- und Wallfahrtskirche zur Hl. Maria in Dorn in Preding
55. Pfarr- und Wallfahrtskirche zum hl. Florian in Groß St. Florian
56. Pfarr- und Wallfahrtskirche zur Schmerzhaften Mutter Maria in Osterwitz
57. Wallfahrtskirche zum hl. Wolfgang in St. Wolfgang ob Hollenegg
58. Pfarrkirche zur Hl. Maria in Eibiswald
59. Kirche zur hl. Anna in St. Anna ob Schwanberg
60. Pfarr- und Wallfahrtskirche zum Gegeißelten Heiland in Wies
61. Pfarrkirche Maria Königin in Pölfing-Brunn

Im politischen Bezirk Voitsberg:

62. Wallfahrtskirche zur hl. Radegundis und heiliges Bründl in Heiligenwasser/Kainach-Gallmannsegg
63. Pfarrkirche zur hl. Barbara („Hundertwasserkirche") und Mosesbrunnen in Bärnbach
64. Pfarr-, Wallfahrts- und Franziskanerklosterkirche Mariä Heimsuchung in Maria Lankowitz
65. Pfarr- und Wallfahrtkirche zum hl. Johannes d.T. in St. Johann am Kirchberg/Maria Lankowitz

Im politischen Bezirk Leoben:

66. Wallfahrtskapelle Maria Kaltenbrunn und heiliges Bründl in Leoben-Göss
67. Wallfahrtskirche Maria Sieben Schmerzen in St. Peter-Freienstein
68. Pfarr- und Wallfahrtskirche zum hl. Antonius von Padua in Radmer

Im politischen Bezirk Knittelfeld:

69. Pfarr-, Wallfahrts- und Abteikirche Basilika Mariä Himmelfahrt in der Benediktinerabtei Seckau
70. Wallfahrtskirche Maria Schnee auf der Hochalm

Im politischen Bezirk Judenburg:

71. Wallfahrtskirche Mariä Himmelfahrt in Maria Buch bei Judenburg

Im politischen Bezirk Murau:

72. Wallfahrtskirche Mariä Heimsuchung zu Altötting in Winklern bei Oberwölz
73. Pfarr- und Wallfahrtskirche Mariä Geburt in Schöder
74. Wallfahrtskirche zum hl. Leonhard in Murau
75. Wallfahrtskirche Maria Dorn in Saurau bei Frojach
76. Pfarr- und Stiftskirche zum hl. Lambrecht im Benediktinerstift St. Lambrecht
77. Wallfahrtskirche zum hl. Blasius in St. Blasen
78. Wallfahrtskirche zur Schmerzhaften Mutter Maria in Maria Schönanger

Im politischen Bezirk Liezen:

79. Pfarr- und Wallfahrtskirche zur Schmerzhaften Mutter Maria in Wildalpen
80. Pfarr- und Wallfahrtskirche Mariä Opferung in Frauenberg bei Admont
81. Pfarr- und Wallfahrtskirche Mariä Schmerzen (Maria Kumitz) bei Bad Mitterndorf
82. Pfarr- und Wallfahrtskirche Mariä Geburt in Oppenberg

Vater unser

Vater unser im Himmel,

Geheiligt werde dein Name.

Dein Reich komme.

Dein Wille geschehe,

wie im Himmel so auf Erden.

Unser tägliches Brot gib uns heute.

Und vergib uns unsere Schuld,

wie auch wir vergeben unseren Schuldigern.

Und führe uns nicht in Versuchung,

sondern erlöse uns von dem Bösen.

Denn dein ist das Reich und die Kraft

und die Herrlichkeit in Ewigkeit.

Amen.

Der Herr segne Dich und behüte Dich.
Der Herr lasse sein Angesicht über Dir leuchten
und sei Dir gnädig.
Der Herr wende sein Angesicht Dir zu
und schenke Dir Heil!
(Buch Numeri 6, 24)

Hinweise/Verschiedenes

Die alleinige Verwendung der männlichen Wortform in diesem Buch bedeutet keine Diskriminierung des weiblichen Geschlechts, sondern ist geschlechtsneutral aufzufassen und dient ausschließlich der besseren und flüssigeren Lesbarkeit des Textes.

Bildquellennachweis:

Alle Fotos: Dr. Harald Maruna, Eisenstadt,
ausgenommen:
p. 19: Archiv Diözese Graz-Seckau
p. 29, 66, 74, 106, 188: Sammlung Mag. Helmut Burkard
(Fotos: Archiv Diözesanmuseum Graz)
p. 40, 52, 76, 103: Katharina Wlaschitz, Eisenstadt
p. 62, 63: Josef Kuss, Mariazell
p. 77, 78, 79: Ernst Grabmaier, Breitenau
p. 91 (2x): Martina Brandl, St. Ruprecht an der Raab
p. 110: Archiv Gemeinde Breitenfeld
p. 112: OSR Wilhelm Jobstmann
p. 165, 166: Archiv Abtei Seckau

Danksagung

Es ist uns eine angenehme Pflicht, den vielen Pfarrern, Pfarrgemeinderäten, Pfarr- und Gemeindeamtbediensteten, Zeitzeugen und Ortsbewohnern, mit denen wir gesprochen, gemailt oder korrespondiert haben, für die wertvollen Hinweise, Informationen und Literaturbelege zu danken.

Über die Autoren

Helmut Jahn war fast 40 Jahre Religionslehrer und Erzieher am Öffentlichen Gymnasium der Stiftung Theresianische Akademie in Wien, Bundespressereferent des Österreichischen Jugendrotkreuzes (ÖJRK), Lehrbeauftragter für Erste Hilfe, Journalist und langjähriger Kolumnist der Kronenzeitung („50 Zeilen mit Gott", „Wallfahrtsorte in Österreich"), staatlich geprüfter Fußballtrainer und Reiseleiter nach Fernost.
Ganz deutlich kommt seine Verbundenheit mit der Steiermark zum Ausdruck. 1944 als kleiner Bub bei Bauern in Unterpremstätten aufgenommen, in diesen „Ort seiner Kindheit und Jugend" immer wieder zurückgekehrt, verbringt er heute seinen Lebensabend in Seewiesen am Fuße des Hochschwabs.
In diesem Buch „Wallfahrtsstätten in der Steiermark - Hier ist die Quelle aller Gnaden" hat er die Texte mit religiösem Inhalt geschrieben.
Helmut Jahn ist Autor zahlreicher Bücher, Publikationen und Artikel in Zeitschriften und Magazinen des In- und Auslandes sowie von Rundfunkskripts. Er war auch redaktioneller Mitarbeiter von Fernsehsendungen des Österreichischen Rundfunks-Fernsehen (ORF).

Dr. Harald Maruna ist seit vielen Jahren leitender Mitarbeiter eines österreichischen Sozialversicherungsinstitutes und mit Fragen der Sicherheit und des Gesundheitsschutzes am Arbeitsplatz beschäftigt. Er war Chefredakteur einer Gesundheitszeitschrift und langjähriger Generalsekretär der Österreichisch-Indonesischen Gesellschaft. Für seine Tätigkeiten erhielt er zahlreiche Preise und Auszeichnungen von wissenschaftlichen Gesellschaften, öffentlichen Stellen und Institutionen.
Sein privates Interesse gilt allgemeinen Fragen der Gesundheitsvorsorge und zeitgeschichtlichen Themen. Seine große Leidenschaft jedoch gehört der Fotografie, die er mit seinen anderen Interessensgebieten zu verbinden versucht. Daher stammen die Bilder in diesem Buch aus seinem umfangreichen Fotoarchiv, er hat aber auch die Texte mit historischem Hintergrund bei den einzelnen Wallfahrtsstätten geschrieben.
Aus der Feder von Dr. Maruna stammen eine Reihe von Büchern, Artikeln und Beiträgen in den verschiedensten Medien des In- und Auslandes.

Weiters im Buchhandel erhältlich:

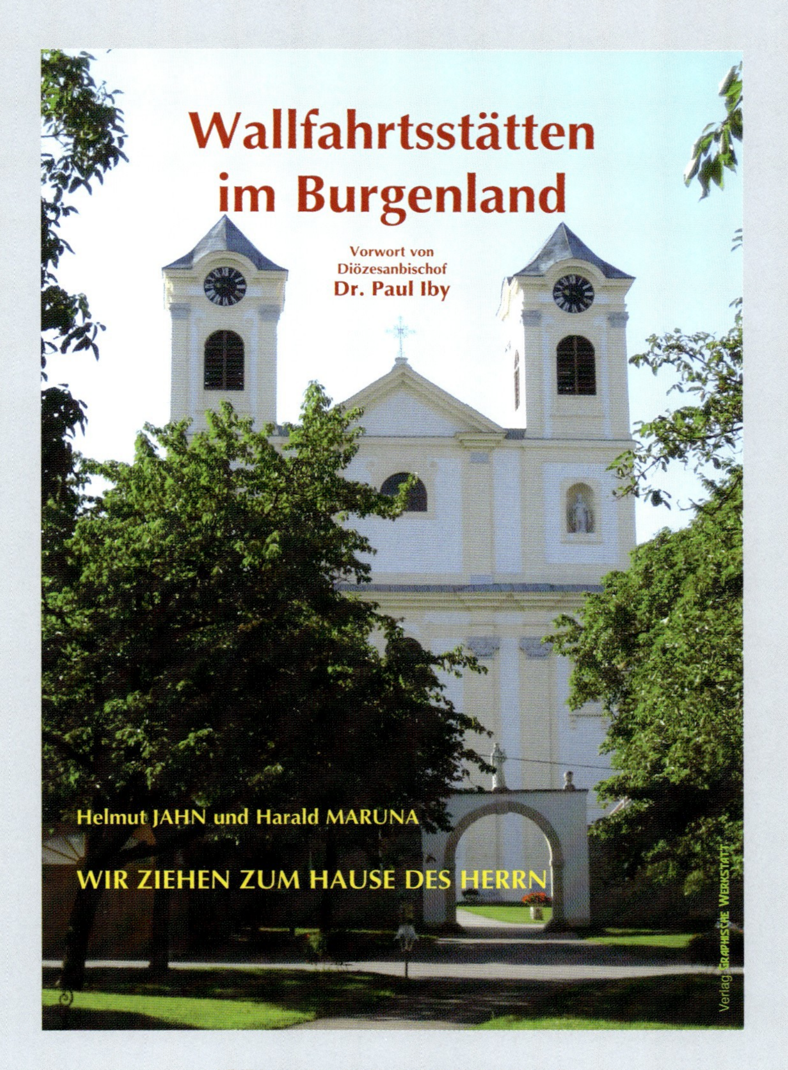

ISBN-13 978-3-9501983-1-7

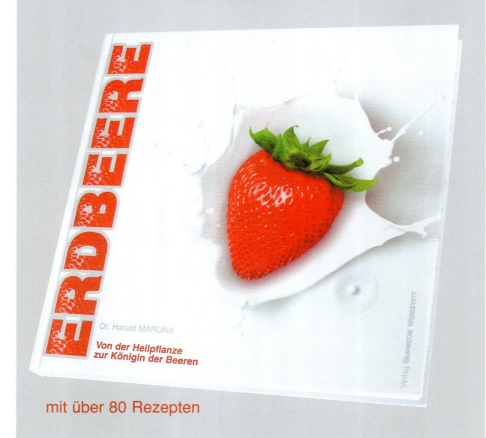

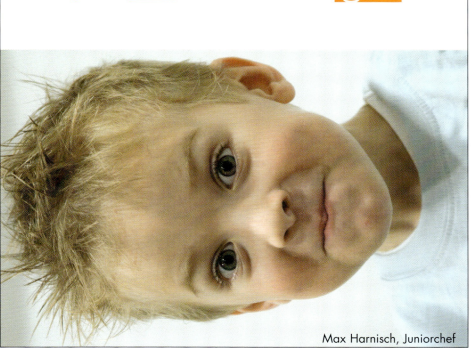

Sterntalerhof
Kinderhospiz
saz.at

Foto: Peter Rigaud
Diese Anzeige ist umsonst. Damit es Ihre Spende nicht ist.
ÖSTERREICHISCHES SPENDEN GÜTESIEGEL 05463 WWW.OSGS.AT
Helfen Sie uns weiter zu helfen.
In 26 Jahren hat Menschen für Menschen 30.237 km Terrassierungen gebaut und Maßnahmen zur Erosionsbekämpfung gesetzt. 1.211 neu gebaute Wasserstellen versorgen hunderttausende Menschen mit sauberem Trinkwasser. In naher Zukunft werden noch viele weitere Dörfer einen neuen Brunnen erhalten.
Spendenkonto PSK 7.199.000 Info: 01 / 58 66 950-0 www.menschenfuermenschen.at

Menschen für Menschen
Karlheinz Böhms Äthiopienhilfe

Mithelfen statt mitleiden.